El culto a la incompetencia

ÉMILE FAGUET

Edición y traducción de Jon Rouco

Título Original: *Le culte de l'incompétence.*
© Jon Rouco, 2017.
Todos los derechos reservados.
ISBN: 1547248343
ISBN-13: 978-1547248346

AUGUSTE ÉMILE FAGUET
(1847-1916)

ÍNDICE

Il ne faut point nous obstiner dans notre sentiment, parce qu'il est notre sentiment ; et, parce que nous avons trouvé contre un raisonnement un peu faible de l'auteur un raisonnement assez fort, croire toujours avoir raison contre lui.

(L'Art de lire)

No debemos obstinarnos en nuestros sentimientos sólo porque sean nuestros sentimientos y, amparándonos en que hemos encontrado un razonamiento bastante fuerte contra un razonamiento débil del autor, creer que siempre tenemos razón frente a él.

(El arte de leer)

PRESENTACIÓN

Émile Faguet es un ensayista a descubrir. Crítico literario, profesor de universidad primero en Burdeos y luego en la Sorbona, miembro de la Academia francesa, autor de una extensísima obra que fue objeto de innumerables reediciones y una figura de influyente opinión y reconocido prestigio en su época, su recuerdo ha acabado no obstante diluyéndose debido a la imposición de las tendencias que no paró de denunciar durante toda su vida, y que *El culto a la incompetencia* compendia mejor que ninguna otra de sus obras.

Publicada en 1910 (Faguet tenía entonces 63 años), es una obra de madurez, el producto de toda una vida de reflexiones sobre la democracia francesa, que Faguet consideraba el mejor ejemplo de «democracia pura», sólo comparable a la efímera experiencia ateniense y por encima de la norteamericana, que juzgaba como una «monarquía constitucional», y la espartana, la romana y la de las repúblicas venecianas, que englobaba dentro de la categoría de las «aristocracias». Según Faguet, su pureza deriva, precisamente, del extremo al que ha llegado en Francia ese culto a la incompetencia que considera inseparable de la democracia.

Con todo, Émile Faguet no era enemigo de la democracia; su actitud hacia ella deriva de la fidelidad a la profesión y a la fama que se granjeó durante sus más de cuatro décadas de brillante actividad profesional: era, en definitiva, su crítico más imparcial. De ahí que su propuesta no sea una vuelta al pasado, a la aristocracia hereditaria y los estamentos que desaparecieron junto con el antiguo régimen, sino la institución de una «aristocracia real», esto es, de un sistema en que sea el mérito, y no el sometimiento a la opinión general, el criterio de ascenso social y político. De este modo se solucionaría también otra de las peligrosas tendencias congénitas de la democracia en opinión de Faguet, que acabaría dando nombre a otra de sus obras más conocidas: el *Horror por la responsabilidad*. En palabras del propio autor, «...hay una voluntad de poder que no puede ser más recomendable para aquellos que uno ama, empezando por uno mismo: es la voluntad de poder sobre uno mismo», o, dicho de otro modo, la responsabilidad individual.

La falta de consideración —cuando no el desprecio directo— por el talento y la responsabilidad individual es el motivo que fundamenta su argumentada crítica de los valores morales que la Revolución Francesa implantó en la sociedad del siglo XIX. Faguet encuentra útiles advertencias para contrarrestar ambas derivas en los textos de Platón, Aristóteles o Montesquieu, y responsabiliza a la filosofía del siglo XVIII, a Rousseau y muy especialmente a Voltaire, de haber proporcionado sustrato ideológico a los desmanes que la Revolución Francesa habría de cometer pocos años después en su nombre.

Esta actitud crítica frente a las ideas de la Ilustración, algo casi herético en la Francia de finales del XIX y comienzos del XX, situó a Faguet en el centro de enconadas polémicas y, en último término, es la que explica que se cumpliera el augurio que expresó pocos años antes de su muerte: «Antes de cumplir los setenta estaré enterrado y olvidado». Lo que entonces parecía una *boutade* se ha convertido hoy en una realidad. Sobre los motivos, de nuevo el propio autor los resume mejor que nadie; hablando sobre su obra a una edad avanzada, escribía: «Esta es la obra de un viejo liberal, y el liberalismo no está en auge en este momento». Los acontecimientos históricos de la primera mitad del siglo XX no hacen sino confirmar su afirmación.

Émile Faguet fue uno de los críticos literarios más importantes de su época, algo de por sí meritorio en la época de Lemaître, Gourmont o Brunetière. Su erudición y la amplitud de su obra eran objeto de admiración o recelo, según el caso. Pierre Gaxotte, prestigioso historiador y antiguo miembro de la *Action Française* de Charles Maurras, consideraba en 1982 que Émile Faguet poseía, en la primera década del siglo XX, una «autoridad cuasi universal». La sencillez que la acompañaba, unida a su frugalidad y su aspecto provinciano, con su sombrero hongo y su paraguas apretado bajo el brazo, lo hicieron objeto de burla en los periódicos de la época. Y es que Faguet no llegó a ser jamás, podríamos añadir que a conciencia, un parisino al uso. Soltero hasta su muerte, la fama le llegó tarde, demasiado tarde quizá para sucumbir a sus encantos. Le preocupaba más la honradez de sus críticas que la gloria pública como moralista o intelectual. Un autor que lo visitó en su piso de la Rue Monge recuerda todas las estancias —mesas, sillas e incluso el suelo— cubiertas de libros salvo por un oasis libre con sus papeles, su tintero y las dos velas que le servían de apoyo para la lectura. Como él mismo confesaba, «nunca he dejado de leer, salvo para escribir, y nunca he dejado de escribir, salvo para leer». De ello da fe la interminable lista de obras que fue capaz de producir en sus sesenta y nueve años de vida. Un crítico ironizaba sobre ello diciendo que el hecho de que Faguet publicase un nuevo libro no podía considerarse una novedad.

No obstante, sus inicios no fueron del todo esperanzadores. Hijo de un profesor de escuela de La Roche-sur-Yon, prefectura de la Vendée, los esfuerzos de su padre por lograr su ingreso en la *École Normale Supérieure* de París en 1867 se vieron frustrados cuando el joven Émile fue expulsado un año después por «insubordinación». Su padre, al que suponemos contrariado, encontró para él el peor trabajo que pudo encontrar: maestro auxiliar en el liceo de Dijon en el que trabajaba él mismo como profesor de literatura. La medida debió de surtir el efecto deseado, pues en 1874 Émile logró aprobar la maestría en Literatura y, tras diez años impartiendo clases en varios colegios de Poitiers o Burdeos, entre otros, acabó doctorándose con una tesis sobre la tragedia francesa del siglo XVI.

El primer golpe de suerte le sobrevino poco después. Tras haber fracasado en su intento de hacerse con la cátedra de Literatura Francesa en la Universidad de Burdeos, acabó recalando como profesor en un oscuro liceo parisino. Allí fue donde lo encontró el editor que, con vistas a la obra de carácter escolar que planeaba publicar, buscaba autor que redactase una serie de introducciones literarias a los escritores que incluiría su volumen. El éxito de la obra que entregó Faguet fue tal, que más tarde ampliaría ese mismo trabajo en su libro *Estudios literarios sobre los siglos XVII y XIX*.

El título de la obra resulta bien significativo, pues una de las características más notables de Faguet durante toda su vida fue la crítica del siglo XVIII y las ideas de la Ilustración que, en su opinión, tanto habían contribuido al triunfo de la Revolución Francesa. Famosa es su caracterización de Voltaire, resumida en el siguiente párrafo:

«Un hombre frívolo y atolondrado que no entiende ni los grandes asuntos, ni las grandes doctrinas, ni a los grandes hombres; que no sabe absolutamente nada sobre la antigüedad, la Edad Media o el cristianismo; que lo ignora todo acerca de la religión, de la política y de la ciencia modernas; que no sabe nada en absoluto de Pascal, Montesquieu, Rousseau, o Buffon, y cuyo único gran hombre es John Locke, puede ser un chisporroteo animado y entretenido, pero no es una gran antorcha en el camino de la humanidad».

En un momento en que la devoción por Voltaire alcanzaba en Francia cotas cercanas al culto, sus afirmaciones fueron recibidas como un sacrilegio. Sin embargo, y pese a que la objetividad que había hecho famosas sus críticas vivió tiempos mejores en párrafos distintos de los que dedicó a Voltaire, los argumentos de Faguet fueron poco a poco abriéndose camino, y en 1893 era aceptado en la Sorbona de París, y no mucho después se convertía en miembro de la Academia Francesa, cumpliendo así la promesa que según uno de sus biógrafos le había hecho a su padre cuando era niño.

En el París de fin de siglo, Faguet era conocido como «nuestro Montesquieu»; otros autores han querido ver algún paralelismo entre su idea de libertad y la de Benjamin Constant, aunque en mi opinión son muchas más las coincidencias, tanto biográficas como intelectuales, con el principal antagonista de la Revolución Francesa en la Gran Bretaña de finales del siglo XVIII: Edmund Burke. Les acercan su condición de «extraños» en el centro del poder político de sus respectivos países, sus orígenes católicos, su liberalismo conservador (o conservadurismo liberal, una ambigüedad aplicable también a ambos; Faguet llegó incluso a inventar un neologismo para definirse: liberal *tradicionista*), la combinación de un carácter afable y dialogante con una valiente disposición a la refriega a despecho de las consecuencias cuandoquiera que sus principios se vieran implicados, o la apuesta por una filosofía política centrada, como en el dicho de Spinoza, en «pensar a los humanos como son, no como quisiéramos que fuesen». Se podría decir que la misma claridad de principios que permitió a Burke anticipar las consecuencias del triunfo de la Revolución Francesa llevó a Faguet a adelantarse a los efectos que tendría sobre la sociedad francesa (y europea) el llevar hasta sus últimas consecuencias la implantación de los principios democráticos.

Por fortuna, en los últimos años hemos asistido a una recuperación de la figura y la obra de Burke, sobre todo en Estados Unidos, un proceso que la vigencia de sus textos justifica con creces.

El culto a la incompetencia, la obra que se presenta a continuación por primera vez traducida al español, da una idea de la vigencia y la actualidad de las ideas de Faguet. Esperemos que la publicación de esta obra suponga el comienzo de la recuperación de un valioso ensayista que se ha postergado ya demasiado tiempo. Su radical independencia, la calidad de sus juicios y la claridad de su estilo directo y preciso sin duda lo hacen oportuno.

NOTA DEL EDITOR

Para elaborar la presente edición he tomado como referencia las siguientes versiones del texto original:

-   La versión original en francés, *Le Culte de l'Incompétence*, a cargo de Bernard Grasset, París (1910) y una versión posterior de la misma edición de 1912.

-   La versión inglesa, *The cult of incompetence*, de E. P. Dutton & Company, Nueva York (1911), con traducción a cargo de Beatrice Barstow e introducción de Thomas Mackay. También he consultado dos versiones posteriores de la misma edición, de 1912 y 1916, respectivamente.

La estructura y disposición del texto sigue la edición original en francés, y, en caso de discrepancia en los términos, párrafos u ortografía con las traducciones he optado por la versión original. Siempre que ha sido posible he procurado mantener la literalidad del texto original, salvo cuando el término más similar incitaba a confusión.

Así, he preferido traducir *compétence*, el término original en francés, por «aptitud» (y también «talento» en ocasiones puntuales), en lugar de optar por «competencia» o «eficiencia» (*efficiency*), la palabra elegida en las traducciones inglesas. El propósito era evitar el doble sentido que el término «competencia» tiene en español (talento o aptitud, por un lado, pero también rivalidad) y mantener el matiz personal que Faguet concede al término, al contrario de lo que sugiere «eficiencia» (empleada en esta edición sólo para cosas, como en «eficiencia contractual»).

En cuanto a los términos *magistrature d'assise* y *magistrature debout* (literalmente 'magistrados sentados' y 'magistrados de pie'), empleados en la terminología francesa para referirse a dos tipos distintos de magistrados que varían según la jurisdicción,[1] he optado por seguir el criterio marcado por el *Diccionario Económico-Jurídico Francés-Español*, editado por el Servicio de Publicaciones de la Universidad de Castilla-La Mancha (Cuenca, 1999), y así el *magistrat assis* aparece traducido como «magistrado» o «juez», según el contexto, y *magistrat debout* como «fiscal» (en lugar de «juez de instrucción»/*subordinate magistrate* o «magistrado de primera instancia»/*magistrate of first instance*, los términos que aparecen en las versiones inglesas además de «fiscal»/*public prosecutor*).

Para la presentación he consultado principalmente los siguientes textos:

- Émile Faguet (1914). "Initiation into Philosophy". Traducción de Sir Homer Gordon, Bart.
(http://www.gutenberg.org/files/9304/9304-h/9304-h.htm).

- Émile Faguet (1894). "Études Littéraires; dix-huitième siècle". Paris: Lecène, Oudin et cie.
(https://archive.org/details/dixhuitiemesiec00fagugoog).

- Kitchin, William P.H. (1917). "Émile Faguet", *The Catholic World*, Vol. 105, No. 625, pp. 343–351.
(https://archive.org/stream/catholicworld105pauluoft#page/342/mode/2up).

- Gosse, Edmund (1922). "Two French Critics: Émile Faguet-Remy de Gourmont". *Aspects and Impressions*. Londres: Cassell & Company, Ltd., pp. 203–223.
(https://archive.org/stream/aspectsimpressio00gossrich#page/202/mode/2up).

- "M. Émile Faguet and the Eighteenth Century", *The Edinburgh Review*, Vol. CXCVI, 1902.
(https://archive.org/stream/edinburghreview196londuoft#page/506/mode/2up).

- Putnam, James J. (1915). "The Dread of Responsibility", *Harvard Theological Review*, Vol. 8, No. 3, pp. 434–438.

---

[1] Una explicación más detallada se encuentra (en francés) en https://www.dictionnaire-juridique.com/definition/ministere-public.php.

(https://archive.org/stream/no3harvardtheolo08harvuoft#page/434/mode/2up)

- Garner, J.W. (1915). "The Dread of Responsibility by Émile Faguet", *The American Political Science Review*, Vol. 9, No. 2, pp. 399–401.
(http://www.jstor.org/stable/1944639?seq=1#page_scan_tab_contents).

- Dyrkton, Joerge (1996). "The Liberal Critic as Ideologue: Émile Faguet and fin-de-siècle Reflections on the Eighteenth Century", *History of European Ideas*, Vol. 22, Nos. 5-6, pp. 321–336.
(http://www.tandfonline.com/doi/abs/10.1016/S0191-6599(96)00008-3).

- Dyrkton, Joerge (1999). "Émile Faguet, the 'middle,' and postmodern revisions to the Sternhell Thesis", *The European Legacy*, Vol. 4, No. 2, pp. 43–53.
(http://www.tandfonline.com/doi/abs/10.1080/10848779908579958).

En cuanto a la introducción de la obra, he prescindido de la escueta nota editorial original, que se limita a presentar la colección de estudios críticos contemporáneos a la que pertenece el volumen, y la he sustituido por el prólogo a la edición inglesa, que cuenta con dos interesantes puntos a favor. El primero es que demuestra, en la autorizada opinión de Thomas Mackay, que la descripción de Faguet es válida para cualquier otra democracia occidental, y en concreto para la democracia que, de entre todas las europeas, es la que presenta menos puntos de conexión con la francesa: la británica. El segundo es el contenido del texto de Mackay, liberal clásico experto en (y muy crítico con) las leyes asistenciales conocidas en Reino Unido con el nombre genérico de *Poor Laws*, pues supone un fantástico resumen del progresivo intervencionismo del gobierno británico desde la primera Ley de Pobres (en los siglos XVI y especialmente el XVII) hasta el comienzo del siglo XX.

Los paréntesis, corchetes, entrecomillados, mayúsculas y minúsculas, expresiones y cursivas a lo largo del texto corresponden al autor.

Las notas al pie corresponden a la presente edición, y en caso contrario su origen aparece indicado con la notación *Ed. Ing.* (es decir, correspondientes a la edición inglesa de *E. P. Dutton & Company*). La edición original incluye una sola nota (que figura entre paréntesis en la primera página del capítulo XII).

El culto a la incompetencia

PRÓLOGO

Aunque quizá no haya sido posible en las siguientes páginas reproducir el estilo elegante e incisivo de un maestro de la prosa francesa, ni siquiera las carencias de una traducción pueden ocultar la fuerza de su argumento. Por tanto, la única introducción que parece posible debe adoptar la forma de una petición al lector para que estudie la crítica del Sr. Faguet a la democracia moderna con un periódico a mano. Así descubrirá, capítulo a capítulo, cómo en algunos aspectos las vicisitudes de la democracia inglesa son idénticas a las descritas en el texto, y cómo en otros nuestra adoración patria de la incompetencia, moral y técnica, difiere considerablemente de la que prevalece en Francia. Quizá habría sido posible, como parte del planteamiento de este volumen, hacer constar en cada página, a modo de ejemplo, casos de la práctica inglesa contemporánea, pero una adecuada ejecución de este plan habría sobrecargado el texto, o incluso habría requerido un volumen adicional. Un volumen así, elaborado de forma imparcial con casos extraídos del programa de los partidos políticos, representaría un interesante comentario sobre la actual controversia política, y es de esperar que las sugerentes páginas del Sr. Faguet inspiren a alguna mano competente a acometer la tarea.

Si el Sr. Faguet hubiese elegido Inglaterra como objeto, podría, quizá, haber citado la constitución de este país tal como existía hace unos setenta años como ejemplo de una «aristocracia demófila» elevada al poder por una «democracia respetuosa de la aristocracia». Puede no resultar sensato, en la controversia política, comprometer nuestra libertad de acción relacionándola con los problemas de la actualidad a través de referencias en exceso deferentes a una edad de oro que probablemente, como Licurgo en la página 65 del texto, ni siquiera llegó a existir, pero a menudo se ha dicho, y sin duda con bastante razón, que los años entre 1832 y 1866 fueron el único período de la historia inglesa en el que se concedió a los principios filosóficos una autoridad importante, no podemos decir que suprema, sobre la legislación inglesa. Los rasgos característicos de la época eran la determinación de abolir los privilegios de unos pocos, que, sin embargo, no implicaba deseo alguno de embarcarse en la tarea imposible e injusta de crear privilegios para los muchos; y el intento deliberado por extirpar la dependencia servil de la antigua ley de pobres,[2] junto con el abandono definitivo del plan de distribución de ventajas económicas mediante la acción caritativa del Estado. Esta política se basaba en la convicción de que la libertad personal y la libertad de empresa eran las influencias adecuadas y constructivas de una civilización avanzada. Se otorgaba quizá demasiada importancia a la relativamente poco relevante cuestión del libre comercio internacional, pues se trataba únicamente de una parte de la política general de emancipación, que tenía un alcance mucho más amplio. Bien entendida, la filosofía política de la época promovida por los estadistas competentes que entonces contaban con la confianza de la democracia proclamaba el principio de libertad y de libre comercio como las verdaderas soluciones para los problemas económicos de la época. Esta política permaneció en vigor durante el mandato de Sir Robert Peel[3] y duró hasta la época

---

[2] Ley de 1601 que durante el reinado de Isabel I estableció un sistema de ayudas para pobres y menesterosos financiado mediante tasas locales y con base parroquial. Las parroquias más generosas acabaron atrayendo a un mayor número de solicitantes, y el problema que pretendía solucionar acabó deviniendo crónico.

[3] Considerado uno de los fundadores del moderno Partido Conservador británico, fue dos veces Primer Ministro del Reino Unido en los períodos 1834-1835 y 1841-1846. Como curiosidad, durante su segundo mandato se aprobó el *Bank Charter Act* de 1844, que dio lugar al sistema de banca con reserva fraccionaria, pues no extendió el coeficiente de caja del 100 % exigido para la emisión de billetes propios a los depósitos bancarios, lo que permitió que los bancos empezaran a

de los grandes presupuestos del Sr. Gladstone.[4]

Si nos aventurásemos, por tanto, a agregar una más a las definiciones de Montesquieu, podríamos decir que el principio que anima a un gobierno constitucional liberal es la libertad, y que ello implica un plan concreto para ampliar la esfera de la libertad como el principio organizador de la sociedad civil. ¿A qué debemos entonces achacar esta clase de decadencia a la que parece haber sucumbido el gobierno parlamentario? ¿Podemos atribuirla a la negligencia o a la exageración del principio que lo anima, como sugería la fórmula de Montesquieu? Es una pregunta que el lector puede entretenerse en investigar; nosotros nos limitamos a señalar lo que parecen ser algunas de las etapas de esta descomposición.

Una vez que las fuerzas del radicalismo destructivo habían llevado a cabo su legítima labor, parecía una época oportuna para el reposo y la paciencia, más para la administración que para la legislación ex novo, y para una pausa en la que se podría haber dejado que los principios de libertad y libre comercio organizasen la distribución equitativa de la riqueza inevitablemente creciente del país. Para bien o para mal, no se ha dispuesto de la paciencia y la convicción necesarias para permitir un desarrollo semejante de los acontecimientos, y políticos y partidos han aplicado abundantes remedios sugeridos de forma apresurada al pueblo y adoptados por él. Los líderes políticos se percataron enseguida de que las recientes concesiones de derechos electorales[5] habían forjado un nuevo electorado para el que los principios filosóficos no tenían ningún encanto. Asimismo, en una fecha posterior, el Sr. Gladstone, cediendo a una potente y no demasiado escrupulosa agitación política, decidió de pronto ensayar un gran cambio constitu-

---

conceder créditos no respaldados íntegramente por sus reservas en oro.

[4] Durante sus mandatos como Ministro de Hacienda en los años 1852-1855 y 1859-1866. Llegó a ser Primer Ministro en cuatro ocasiones y es considerado uno de los mejores primeros ministros de la historia del Reino Unido.

[5] Se refiere al *Representation of the People Act* de 1884, impulsado por Gladstone, que duplicó la base del electorado hasta casi seis millones de electores (seguían siendo, no obstante, el 40% de la población) al ampliar la representación de los municipios rurales. Ello le obligó a reformar al año siguiente el criterio de reparto de los escaños en la Cámara de los Comunes.

cional en las relaciones entre el Reino Unido e Irlanda. Puede cuestionarse si la transferencia del desgobierno de Irlanda desde Londres a Dublín habría tenido resultados desastrosos o tan beneficiosos como afirmaban los litigantes, pero el modo en que se formuló la propuesta tuvo sin duda una consecuencia lamentable. La acción del Sr. Gladstone asestó un golpe a la independencia y a la autoestima, o, en los términos del Sr. Faguet, a la competencia moral de nuestra representación parlamentaria, golpe del que no ha vuelto a recuperarse. Se conminó a los hombres a abandonar, en el transcurso de unas pocas horas, opiniones que habían profesado toda su vida, y ello no a causa de la convicción, sino de la presión de la disciplina de partido. La tensión política iba en aumento.

Se otorgó al «Caucus»[6] un protagonismo más activo. Los partidos políticos comenzaron a inventar programas para atraer al ciudadano de a pie. El Partido Conservador, renunciando a su provechosa función crítica, resucitó la vieja política de subsidios de beneficencia, y, en un desafortunado paso para su futuro, se ha embarcado en una defensa de la política de protección. Por extraño que parezca, la democracia, la garante del poder, aunque haya desarrollado síntomas de tiranía fiscal y un odio hacia la libertad en otros aspectos, se aferra tenazmente a la libertad de comercio internacional —al menos de momento— y parece que el comité electoral, en este caso, no ha comprendido en qué consiste su función. Los subsidios de la nueva caridad de Estado estaban pensados para coincidir con las contribuciones de los beneficiarios, pero dado que la clase que por uno u otro motivo se encuentra siempre en situación de indigencia no podía o no estaba dispuesta a contribuir, la única forma en que se pudo llevar adelante el benevolente propósito de la agitación fue otorgando gratuitamente el subsidio. De este modo, las compuertas de la presa tuvieron que abrirse aún más, y desde entonces hemos estado —y seguimos estando— expuestos a una riada de legislación filantrópica que está transfiriendo poco a poco todas las responsabilidades de la vida del individuo al Estado. El libre comercio por el

---

6 La reunión de miembros de un mismo partido o facción en la que suelen decidirse las políticas a seguir por ese partido o facción.

momento se mantiene, y se supone que está fuertemente arraigado en las convicciones del Partido Liberal. Su situación, no obstante, es obviamente muy precaria, a la vista de las demandas que provienen de los sindicatos militantes. Estos, en sus diversos ámbitos, reclaman el monopolio del empleo para sus miembros con exclusión de aquellos que no pertenezcan a sus asociaciones. La lógica tiene algo que ver —aunque quizá no mucho— con la acción política, y resulta casi inconcebible que un partido pueda seguir durante mucho tiempo manteniendo estas dos opiniones contradictorias. Cuál de ellas será la descartada, sólo el futuro lo aclarará.

El resultado final es una creciente reticencia por parte del pueblo a limitar sus responsabilidades a sus medios para cumplir con ellas, y la creación de un proletariado que, para mantenerse, se desplaza a lo largo de la línea de menor resistencia: la dependencia de los subsidios del gobierno. Al final acabará desembocando necesariamente también en el empobrecimiento del Estado, al que siempre se recurre para asumir nuevas competencias; pues el individuo, liberado de este modo de la obligación de sufragarlas, queda libre para crear responsabilidades que ahora corresponde al Estado financiar. En ese sistema, la capacidad de pago, así como el número de ciudadanos solventes, no puede hacer otra cosa que disminuir continuamente.

La respuesta adecuada a esta legislación, que describimos como predatoria —en el sentido en que describimos las benévolas prácticas de Robin Hood como predatorias— no puede ofrecerla la oposición oficial, que fue la primera en asomarse al precipicio, y que sólo aguarda su oportunidad en la guerra de partidos para que le toque a ella proveer de panem et circenses a cargo del erario público. De este modo, la crónica falta de voluntad de los pagadores de tasas e impuestos para encontrar el dinero lleva el progreso a un punto muerto. Una política más honesta, basada en la acción voluntaria de los ciudadanos y apta para expandirse indefinida y continuamente, no encuentra apoyo entre los políticos, pues todos los partidos políticos parecen ser presas de la incompetencia técnica y moral que con tanto ingenio ha descrito el Sr. Faguet. La única respuesta a un gobierno que toma esos derroteros es la que se ha atribuido más arriba —quizá sin justificación suficiente— a los gobiernos del período 1832-1866; y es la propia democracia, aconsejada como lo está en la actualidad, la que no permite que esa respuesta la ofrezca ningún partido político.

No parece, por tanto, que haya muchas diferencias entre la situación aquí y la de Francia, y es muy interesante reseñar cómo en varios aspectos hay un paralelismo muy cercano entre los acontecimientos de nuestro país y los descritos por el Sr. Faguet. La posición de nuestro Lord Canciller, que ha sufrido enconados ataques de su propio partido debido a su nombramiento de magistrados, es muy similar a la del Sr. Barthou, citado en la página 91. Nuestro sistema judicial ha sido considerado hasta el momento exento de partidismo político, pero muy recientemente y por primera vez un ministro desde su posición en el Parlamento ha considerado oportuno, con razón o sin ella, cuestionar la imparcialidad de nuestra judicatura, y si se trata de una sospecha ampliamente compartida por personas acostumbradas a la pugna política, como parece ser el caso, conducirá probablemente a nombramientos calculados para asegurar represalias. Los políticos astutos no se embarcan en un ataque contra una institución venerada si no creen saber que dicha institución está empezando a ser impopular entre los seguidores que dirigen su política. Los veredictos penales también, especialmente en vísperas de unas elecciones, son ahora susceptibles de revisión por parte de ministros que, a despecho de los objetivos del país, van en busca de malhechores pintorescos a los que, acompañándolo todo de mucho discurso filantrópico, proceden a poner en libertad. Incluso los principios elementales de equidad, tal como se entienden habitualmente, parecen haber perdido su autoridad cuando se los pone en la balanza contra el voto de la mayoría. Hace muy poco, los miembros de una profesión honorable y útil le expusieron a un ministro que la extensión de un plan de ayudas más o menos gratuito que preveía para una clase que hasta ahora había sido capaz —y había estado dispuesta— a arreglárselas sola, era probable que les privase de su medio de vida. La respuesta del ministro, entre otras cosas, incluía el argumento de que la clase en cuestión era muy numerosa y representaba muchos votos, y que dudaba de que alguien se atreviese a proponer su exclusión, salvo quizá un miembro de una universidad; de hecho, uno de los miembros de la universidad había hecho una propuesta similar, y sus representados se vieron afectados por ella. El ministro declaró además que no creía que una enmienda como esa pudiese encontrar respaldo. El argumento parece imputar a nuestros representantes nacionales una indiferencia cínica por la equidad y una adoración ciega por los números, que, de ser ciertas, son un ejemplo de incompetencia moral tan notable como cualquier otro de los que cuenta el Sr. Faguet.

Si los lectores de este volumen se toman la molestia de anotar sus copias con un registro de los incidentes relevantes con los que se enfrentan a diario en sus vidas, se verán forzados a reconocer lo terriblemente inevitable que es el ascenso de la incompetencia al poder político. La tragedia es más terrible al reconocer, como nos resulta imperativo, la aptitud y el carácter, ambos destacados, de los estadistas y los políticos que se encuentran bajo la esclavitud de esta imperiosa necesidad.

Esta corrupción sistemática de los mejores amenaza con asumir proporciones de desastre nacional. Es el sistema, no los actores dentro de él, lo que el Sr. Faguet analiza y nos invita a deplorar.

T. MACKAY.

CAPÍTULO I

LOS PRINCIPIOS DE LAS DIVERSAS FORMAS DE GOBIERNO

A menudo se ha planteado la siguiente pregunta: ¿qué principio anima a las diversas formas de gobierno, dado que cada una de ellas, se supone, tiene un principio propio? En otras palabras: ¿cuál es la idea general que inspira a cada sistema político?

Montesquieu, por ejemplo, demostró que el principio de la monarquía es el honor, el principio del despotismo el miedo, el principio de una república la virtud o el patriotismo, y añadió con mucha justicia que los gobiernos declinan y sucumben tan a menudo a causa de llevar su principio al extremo como por descuidarlo en su conjunto.

Y esto, aunque paradójico, es cierto. A primera vista puede no resultar evidente cómo puede caer un despotismo debido a inspirar demasiado miedo, o una monarquía constitucional al desarrollar en exceso el sentimiento de honor, o una república por tener demasiada virtud. Sin embargo, es cierto.

Hacer un uso demasiado frecuente del miedo es destruir su eficacia. Como dijo Edgar Quinet con acierto: «Cuando uno quiere usar el terror, debe estar seguro de poder usarlo siempre». No es posible tener demasiado honor, pero cuando, apelando exclusivamente a este sentimiento, se multiplican las distinciones, condecoraciones, insignias y galones, puesto que no podemos aumentar estos honores indefinidamente, uno acaba enfrentado tanto con quienes no poseen ninguno como con los que, teniendo alguno, quieren más.

Por último, resulta incontestable que uno no puede tener demasiada virtud, y en particular demasiado patriotismo, y en este caso los gobiernos acaban cayendo no por la exageración de su principio rector, sino por su abandono. Sin embargo, ¿no es cierto, por otra parte, que al exigir de los ciudadanos demasiada devoción por su país terminamos consumiendo la energía humana y agotando las más pródigas virtudes? Esto es lo que sucedió en el caso de Napoleón, que, tal vez sin quererlo, exigió demasiado de Francia para la construcción de una «Gran Francia».

—¡Pero eso no era una república! —objetará alguien.

—Desde el punto de vista de los sacrificios que se exigen al ciudadano, era una república similar a la República Romana y a la República Francesa de 1792, con su «todo por la gloria del país» y su «heroísmo, heroísmo, ¡nada más que heroísmo!» Si se exige demasiado de ella, la virtud cívica puede llegar a agotarse.

De modo que es bien cierto que los gobiernos perecen tanto por el exceso como por el abandono de su principio inspirador. Montesquieu sin duda tomaba prestada su idea general de Aristóteles, que comenta no sin humor: «quienes piensan que han descubierto la base del buen gobierno, pueden llevar demasiado lejos las consecuencias de su recién descubierto principio. No recuerdan que la desproporción en tales asuntos resulta fatal. Olvidan que una nariz que se aparta ligeramente del ideal de belleza adecuado para las narices y tiende ligeramente a ser aguileña o chata puede seguir teniendo una forma correcta y no resultar desagradable a la vista, pero, si el exceso fuese muy grande y perdiese toda simetría, en último término la nariz ya dejaría de ser una nariz». Esta comparación es válida para todas las formas de gobierno.

A partir de estas ideas generales, a menudo me he preguntado qué principio han adoptado los demócratas para la forma de gobierno que patrocinan, y no me ha costado gran cosa llegar a la conclusión de que el principio en cuestión es el culto a la incompetencia.

Examinemos cualquier compañía de negocios bien administrada y exitosa. Cada empleado hace el trabajo que conoce y hace mejor: el obrero cualificado, el contable, el gerente y el secretario, cada uno en su puesto. A nadie se le ocurriría hacer que el contable intercambiase su puesto con un viajante comercial o un mecánico.

Observemos también el mundo animal. Cuanto más ascendemos en la escala de la existencia orgánica, mayor es la división del trabajo, más señalada es la especialización de la función fisiológica. Un órgano piensa, otro actúa; uno digiere, otro respira, etc. Ahora bien, ¿existe algo así como un animal con sólo un órgano, o hay quizá algún animal que conste de un solo órgano que respire y piense y digiera todo al mismo tiempo? Sí, existe. Es la ameba, que ocupa en solitario el lugar más bajo dentro del mundo animal, muy inferior incluso a un vegetal.

Del mismo modo, sin duda, en una sociedad bien constituida cada órgano tiene su función definida, es decir, de la administración se ocupan aquellos que han aprendido a administrar, de la legislación y la modificación de las leyes aquellos que han aprendido a legislar, de la justicia quienes han estudiado jurisprudencia, y en ella las funciones de un cartero rural no se encomiendan a un paralítico. La sociedad debe proceder conforme al modelo de la naturaleza, cuyo sistema es la especialización. «Pues —como dice Aristóteles— la naturaleza no es tacaña como los herreros de Delfos, cuyos cuchillos tienen que servir para muchos propósitos; ella hace cada cosa para un único propósito, y el mejor instrumento es el que es útil para un uso, no para varios». «En Cartago —dice en otra parte— se considera un honor ostentar muchos cargos, pero un hombre sólo hace una cosa bien. El legislador debería tenerlo en cuenta, y evitar así que al mismo hombre se le encargue hacer zapatos y tocar la flauta». Una sociedad bien formada, podríamos resumir, es aquella en la que no se le encomiendan todas las funciones a todo el mundo; una en la que no se le dice a la propia masa, a todo el cuerpo social: «Es tarea vuestra gobernar, administrar, hacer las leyes, etc.». Una sociedad en la que se organizasen así las cosas sería una sociedad amebiana.

De modo que las sociedades que están en lo alto de la escala son aquellas en las que la división del trabajo es mayor, en las que la especialización está más definida, y en las que el criterio de distribución de funciones es la aptitud.

Ahora bien, las democracias, lejos de compartir esta visión, se inclinan hacia la visión opuesta. En Atenas había un gran tribunal compuesto de hombres instruidos y competentes para interpretar la ley. El pueblo no podía consentir una institución de esas características, así que se ocupó de destruirla y usurpar sus funciones. El razonamiento era el siguiente: «Podemos interpretar y aplicar las leyes porque las hacemos nosotros». La conclusión era correcta, pero la premisa menor era discutible. Podría ofrecerse la siguiente réplica: «Es cierto que podéis interpretar y aplicar las leyes porque las hacéis vosotros, pero tal vez sea una error que las hagáis». Sea como fuere, el pueblo ateniense no sólo interpretaba y aplicaba sus propias leyes, sino que insistía en que le pagasen por hacerlo. El resultado fue que los ciudadanos más pobres estaban todo el día sentados juzgando, puesto que nadie más estaba dispuesto a sacrificar todo su tiempo a cambio de seis dracmas. Este tribunal plebeyo duró muchos años. Su hazaña más célebre fue la sentencia que condenó a Sócrates a muerte. Puede que se arrepintiera de esa condena, pero el principio esencial, la soberanía de la incompetencia, se mantuvo.

Las democracias modernas parecen haber adoptado el mismo principio; su estructura es en esencia amebiana. Una democracia, bien conocida por todos nosotros, se ha desarrollado de la siguiente forma.

Comenzó con esta idea: rey y pueblo, realeza democrática, democracia real. El pueblo hacía la ley, y el rey la aplicaba; el pueblo legislaba y el rey gobernaba conservando, no obstante, un cierto control sobre la ley, pues podía suspender la aplicación de una nueva ley cuando considerase que podía llegar a interponerse en la función del gobierno. Se daba, por tanto, algo así como una especialización de funciones. La misma persona, u órgano colectivo de personas, no legislaba y gobernaba a la vez.

Esto no duró mucho. El rey fue suprimido. La democracia permaneció, pero permaneció también un cierto respeto por la aptitud. El pueblo —la masa, todo el mundo— no se atribuía el derecho a gobernar o legislar sin intermediarios.

Ni siquiera se atribuía el derecho a designar directamente a los legisladores. Había adoptado la elección indirecta o de segundo grado, es decir, designaba electores que a su vez designaban a los miembros de la asamblea legislativa. Dejaba así dos aristocracias por encima de sí mismo: los primeros electores y la asamblea legislativa elegida. Ello estaba aún muy lejos de la democracia ateniense, que lo hacía todo ella misma en el Pnyx, lo que no significa que se prestara demasiada atención a la aptitud. No se escogía a los electores porque fuesen especialmente aptos para elegir una asamblea legislativa, ni tampoco se designaba la propia asamblea atendiendo en modo alguno a su capacidad legislativa. Seguía habiendo todavía un cierto fingimiento de la búsqueda de la aptitud, una doble pseudoaptitud. La masa, o más bien la constitución, asumía que los legisladores elegidos por los delegados de la masa eran más competentes para hacer las leyes que la propia masa.

Esta forma un tanto curiosa de aptitud la he llamado competencia por colación,[7] en la que se confiere la aptitud o competencia a través de este método de selección. No hay absolutamente nada que demuestre que el ciudadano elegido tenga la más mínima facultad legislativa o jurídica, así que le confiero un certificado de aptitud por la confianza que deposito en él al designarle para el cargo, o más bien confío en los electores para que ellos confieran un certificado de aptitud a quienes designan para la asamblea legislativa.

Esto, por supuesto, no tiene el menor sentido, pero tiene a su favor las apariencias, e incluso algún elemento más.

No tiene sentido porque implica una creación *ex nihilo*, es decir, la ineptitud extrayendo aptitud de sí misma, o el cero haciendo surgir «uno» de sí mismo. Esta forma de selección, aunque no me atrae en ningún caso, es bastante legítima cuando parte de un órgano competente. Una universidad puede conceder un título de licenciado o doctor a una persona sabia porque considera que su falta de título es un mero accidente circunstancial. Sin embargo, resultaría paradójico y bastante ridículo que los no titulados pudiesen concederle a cualquiera un doctorado en Matemáticas. La aptitud por colación de ineptos no se ajusta demasiado bien al sentido común.

---

[7] La colación es la institución de Derecho canónico que consiste en la concesión del beneficio, hecha libre y canónicamente por el que tiene legítima autoridad.

Este sistema sigue teniendo a su favor las apariencias y, de hecho, algo más que las apariencias. Tengamos en cuenta que los títulos de *doctor en ciencias literarias* o *doctor en ciencias dramáticas* los conceden mediante «colación» personas incompetentes, esto es, el público.

Uno podría decirle al público: «Ustedes no saben nada de literatura ni de arte dramático». Pero replicaría: «Es verdad, no sé nada, pero ciertas cosas me conmueven y confiero el título a quienes me conmueven». Esto no es del todo incorrecto. Lo mismo ocurre cuando el pueblo confiere el título de *doctor en ciencia política* a quien excita sus emociones y a quien expresa con más fuerza sus propias pasiones. Estos *doctores de la ciencia política* son los apasionados representantes de sus propias pasiones. En otras palabras, ¡los peores legisladores!

Sí, esto funciona más o menos así, pero no del todo. Resulta muy útil que tengamos un exponente de pasión popular, por así decirlo, en la cresta de la ola social, no para decirnos en realidad lo que piensa la multitud, pues la multitud no piensa, sino lo que la multitud siente, de modo que no la hagamos enfurecer demasiado ni la obedezcamos con demasiada obsequiosidad. Un ingeniero llamaría a esto la ciencia de la resistencia de los materiales.

Un médium me asegura que tuvo una conversación con Luis XIV, que le dijo: «El sufragio universal es algo excelente en una monarquía. Es una fuente de información. Cuando recomienda un cierto curso de acción nos indica lo que no debemos hacer. Si pudiera haber consultado la Revocación del Edicto de Nantes, me habría dado un mandato claro a favor de esa Revocación, yo habría sabido qué hacer, y ese Edicto no habría sido revocado. Actué como lo hice porque me aconsejaban ministros a los que consideraba estadistas experimentados. De haber sido consciente del estado de la opinión pública, habría sabido que Francia estaba cansada de guerras, de nuevos palacios y extravagancias. Pero aquello no era una expresión de pasión y prejuicio, sino un grito de sufrimiento. En lo tocante a pasión y prejuicio, debemos actuar a despecho de la opinión pública, y el sufragio universal nos dirá cuál es esa opinión. Por otra parte, debemos prestar atención, seria atención, a cada grito de dolor, y aquí también el sufragio nos servirá de ayuda. El sufragio universal es necesario para una monarquía como fuente de información».

Esta, según me aseguran, es la opinión actual de Luis XIV sobre el asunto.

En cuanto a legislación se refiere, por tanto, resulta absurdo intentar asegurar la aptitud de los legisladores mediante «colación». Sin embargo, a contrario resulta un tipo de aptitud útil para indicar el estado de ánimo de la nación. De ello se deduce que este sistema resulta tan nocivo en una república como saludable resultaría en una monarquía. Por tanto, no es del todo malo.

La democracia que ahora examinamos [la de Atenas], después de haber sido gobernada por los representantes de sus representantes durante diez años, estuvo sometida durante los siguientes quince años al dictado de un representante, y no extrajo de ello ninguna ventaja en particular.

Luego, durante treinta años adoptó un sistema que buscaba cierto grado de aptitud. Asumió que los electores de la asamblea legislativa no debían ser elegidos, sino designados por su posición social, esto es, por su fortuna. Aquellos que poseyeran una cierta cantidad de dracmas serían los electores.

¿Qué tipo de base para la aptitud es esta? Es una base, pero sin duda algo estrecha.

Es una base, en primer lugar, porque un hombre que posee una cierta fortuna tiene mayor interés que otros en la gestión sensata de los negocios públicos, y el egoísmo abre los ojos y agudiza la visión; y además, un hombre que tiene dinero y no lo pierde no puede ser del todo estúpido.

Por otra parte, es una base estrecha porque la posesión de dinero no es por sí sola garantía de aptitud política, y el sistema conduce a la muy cuestionable proposición siguiente: que cada hombre rico es un reformador social competente. Es, no obstante, una forma de competencia, aunque se trata de una competencia con fundamentos muy precarios y una base muy estrecha.

Este sistema desapareció, y nuestra democracia, después de un breve interregno, repitió su experimento anterior y se sometió durante dieciocho años al dictado de un delegado sin que haya habido grandes motivos para felicitarse por el resultado.

Después adoptó la democracia en una forma casi pura y simple. Digo casi, porque el sistema democrático puro y simple implica el gobierno directo del pueblo sin intervención alguna de representantes, por medio de un plebiscito continuo. Luego se instituyó nuestra democracia, y todavía mantiene un sistema democrático casi puro y simple, es decir, el gobierno de la nación lo establecen los delegados que ella misma ha elegido, y a través de estos delegados estricta y exclusivamente. Esta vez hemos alcanzado una apoteosis de la incompetencia que es casi absoluta.

Es decir, la competencia por colación arbitraria. Igual que el obispo del chiste, que se dirige a una pierna de venado diciendo: «Yo te bautizo carpa», el pueblo le dice a sus representantes: «Yo os bautizo jurisconsultos, os bautizo estadistas, os bautizo sociólogos». Luego veremos que este bautismo va mucho más allá.

Si el pueblo estuviese en condiciones de juzgar el conocimiento jurídico y psicológico que poseen quienes se presentan a las elecciones, este método de colación no sería, por así decirlo, contrario a la aptitud, y podría incluso llegar a ser satisfactorio; pero, en primer lugar, los electores no son aptos para juzgar, y, en segundo lugar, incluso si lo fueran, no supondría ningún beneficio.

Y no lo supondría porque el pueblo no adopta jamás este punto de vista. ¡Absolutamente nunca! Valora la cualificación del candidato no desde el punto de vista científico, sino desde el punto de vista moral.

—Bueno, seguramente eso ya es algo y, en cierto modo, es una garantía de aptitud —podría decir algún crítico—. Bien es cierto que los legisladores no son aptos para hacer leyes; pero al menos son hombres honestos. Esta garantía de aptitud moral me satisface muchísimo.

—Haga el favor de ser cuidadoso —respondo yo—; no deberíamos pensar en conceder la gestión de una estación de ferrocarril al hombre más honesto, sino a alguien honesto que, además, conozca bien la administración ferroviaria. No sólo necesitamos que nuestras leyes contengan intenciones honestas, sino también verdades jurídicas, políticas y sociológicas.

En segundo lugar, si decimos que se juzga a los candidatos en función de su valor moral, es en un sentido peculiar. Se atribuye mayor integridad a los que comparten la pasión dominante del pueblo y a quienes se expresan a ese respecto con más vehemencia que los demás. ¡Ah! Estos son nuestros hombres honestos, grita el pueblo, y no digo que los hombres que escoge sean deshonestos:

sólo digo que este criterio no es infalible para asegurar que sean ni siquiera honestos.

—Aun así —replica alguno—, probablemente sean imparciales, porque se guían por prejuicios populares, y no por sus deseos particulares, individuales.

Sí, eso es exactamente lo que creen las masas, y al mismo tiempo olvidan que no hay nada más fácil que simular una pasión popular para ganar la confianza del pueblo y hacer fortuna en política. Si la imparcialidad fuese en realidad tan esencial para el pueblo, sólo deberían ser elegidos quienes se opusieran a la voluntad popular y dieran muestras de no querer ser elegidos. O mejor aún, sólo debería elegirse a aquellos que no se presenten a las elecciones, ya que no presentarse es una señal inequívoca de imparcialidad.[8] Pero esto nunca ocurre. Lo que debería hacerse siempre no se hace nunca.

—Pero —dirá alguien— los organismos públicos a los que se ingresa mediante cooptación, las academias y demás, no eligen a sus miembros de esta forma.

—Y tanto que no, y hacen bien —respondo yo—. Dichos organismos no pretenden que sus miembros sean imparciales, sino científicos. No tienen ninguna razón para preferir a un miembro poco dispuesto antes que a alguien deseoso de ser elegido. Su punto de vista es completamente diferente. El pueblo, que pretende guiarse por la alta consideración moral, debería excluir para un cargo a quienes ambicionan el poder, o al menos a aquellos que lo codician con una intensidad que no sugiere precisamente motivos desinteresados.

Estas consideraciones nos muestran lo que la masa entiende por el valor moral de un hombre. El valor moral de un hombre consiste, en lo que a la masa se refiere, en que tenga o finja tener los mismos sentimientos que ella misma, y esta es precisamente la razón por la que los representantes de la masa son excelentes como evidencia informativa, pero detestables, o por lo menos inútiles y por ello detestables, como legisladores.

---

[8] El término original en francés es *désintéressement*, y el autor juega en esta frase con la doble acepción del término, es decir, imparcialidad y falta de interés.

Montesquieu, que rara vez se equivoca, yerra en mi opinión cuando dice que «el pueblo es perfectamente apto para elegir a sus propios magistrados». Él, es cierto, no vivía en una democracia. Pues sopesemos: ¿cómo podría el pueblo ser apto para elegir a sus propios magistrados y legisladores, cuando Montesquieu mismo, esta vez con amplia justificación, establece como uno de sus principios que la moral debe corregir el clima de opinión y que la ley debe corregir la moral, y el pueblo, como sabemos, sólo piensa en elegir como delegados a hombres que compartan, hasta el último detalle, su propia forma de pensar? El clima de opinión puede ser en parte contrarrestado por el pueblo; pero, para que la ley corrija las costumbres, debería elegirse a legisladores que contrarrestasen la moral actual. Sería muy curioso que se llevase alguna vez a cabo dicha elección, y no es sólo que no ocurra nunca, sino que sucede invariablemente lo contrario.

En suma, es la incompetencia intelectual, o mejor dicho, la incompetencia moral, lo que busca instintivamente el pueblo al elegir.

Es incluso peor, si cabe. El pueblo favorece la incompetencia, no sólo porque no está en condiciones de juzgar la aptitud intelectual y porque contempla la aptitud moral desde un punto de vista equivocado, sino porque desea, antes que nada, como de hecho es muy natural, que sus representantes se parezcan a él mismo. Y ello por dos razones.

En primer lugar, debido a un factor sentimental, el pueblo desea, como hemos visto, que sus representantes compartan sus sentimientos y prejuicios. Estos representantes pueden compartir sus prejuicios y sin embargo no parecerse en absoluto a ellos en cuanto a costumbres, hábitos, modales y apariencia; pero, como es natural, el pueblo nunca está tan seguro de que un hombre comparte sus prejuicios y no está simplemente fingiendo como cuando el hombre se asemeja a él en todos y cada uno de sus rasgos. Es un signo y una garantía. El pueblo se ve por tanto instintivamente impulsado a elegir a hombres con sus mismos hábitos, modales y educación, o digamos que con una educación ligeramente superior, «para que sepan hablar», pero superior sólo en un grado mínimo.

Además de esta razón sentimental, hay otra, que es extremadamente importante, porque va a la raíz misma de la idea democrática. ¿Cuál es el mayor deseo del pueblo, una vez que ha sido picado por la tarántula democrática? Es que todos los hombres sean iguales y, en consecuencia, que todas las desigualdades, tanto naturales como artificiales, desaparezcan. No aceptará las desigualdades artificiales, la nobleza de nacimiento, los favores del rey ni la riqueza heredada, de modo que estará por la abolición de la nobleza, la realeza y la herencia. Ni tampoco le gustan las desigualdades naturales, es decir, un hombre más inteligente, más activo, más valiente o más hábil que otro cualquiera. No puede destruir estas desigualdades porque son naturales, pero puede neutralizarlas, hacerlas impotentes excluyéndolas de los empleos bajo su control. Así, la democracia se ve conducida de forma natural, podría decirse que de forma inevitable, a excluir a los competentes precisamente por ser competentes, o, si lo prefieren y como diría aquel, no por ser competentes, sino por ser desiguales, o, como probablemente seguiría diciendo aquel si quisiera justificarse, no por ser desiguales, sino porque al ser desiguales son sospechosos de estar en contra de la igualdad. De modo que todo desemboca en lo mismo. Eso fue lo que hizo que Aristóteles dijera que dondequiera que se encuentre desprecio al mérito, allí hay democracia. No lo dice con esas mismas palabras, pero escribió: «Allí donde no se aprecie el mérito antes que todo lo demás, no será posible tener una aristocracia sólida», lo que equivale a decir que allí donde no se aprecia el mérito, ingresamos de inmediato en un régimen democrático y jamás escapamos de él.

En este sentido, la aptitud se sigue encontrando en serias dificultades.

De principio a fin, la democracia —y esto es bien natural— desea hacerlo todo ella misma, es enemiga de toda especialización de funciones y, en concreto, desea gobernar sin delegados ni intermediarios. Su ideal es el gobierno directo tal y como existía en Atenas, su ideal es la «democracia» en la terminología de Rousseau, que aplicaba el término única y exclusivamente al gobierno directo.

Forzada por los acontecimientos históricos y tal vez por la necesidad de gobernar mediante delegados, ¿cómo podría la democracia seguir arreglándoselas para gobernar directamente, o casi, a pesar de continuar gobernando mediante delegados?

Su primera alternativa es, quizá, imponer a sus delegados un mandato imperativo. Los delegados sometidos a esa condición se convierten en meros agentes del pueblo. Asisten a la asamblea legislativa para consignar la voluntad del pueblo tal y como la reciben, y en realidad el pueblo gobierna directamente. Esto es lo que significa el mandato imperativo.

La democracia lo ha considerado a menudo, pero nunca con persistencia. En esto da muestras de sensatez. Tiene la sagaz sospecha de que el mandato imperativo nunca pasa de ser una trampa y un engaño. Los representantes del pueblo se reúnen y discuten; los intereses del partido se van definiendo. A partir de ese momento son presa de la diosa Oportunidad, καιρός (Kairós) en griego. Entonces llega un día en que votar conforme a su mandato resultaría muy desfavorable para los intereses de su partido. De modo que están obligados a ser infieles a su partido por fidelidad a su mandato, o a desobedecer su mandato por obediencia a su partido; y, en cualquier caso, haber traicionado su mandato con esta muy loable y excelente intención es un tanto que pueden apuntarse, o como mínimo justificar ante los electores, y en un caso como ese sería muy difícil refutarles.

El mandato imperativo, por tanto, es un instrumento de trabajo muy torpe y de carácter muy delicado. La democracia, de manera instintiva, lo sabe muy bien, y no le otorga gran importancia al mandato imperativo.

¿Qué otra alternativa es posible? Algo muchísimo más rico; como pájaro en mano en lugar de ciento volando. La democracia puede elegir a hombres que se le parezcan mucho, que estén muy cerca de sus sentimientos, que sean en realidad casi tan idénticos a sí misma que puede confiar en que seguramente harán de forma instintiva, casi mecánicamente, lo que haría ella misma si se constituyese en gigantesca asamblea legislativa. Estos hombres votarán, sin duda, según las circunstancias, pero también como votaría ella misma si estuviese gobernando directamente. De este modo, la democracia conserva su poder legislativo.

Ella se ocupa de hacer la ley, y no hay otra forma de hacerla.

La democracia, por tanto, tiene los mayores alicientes para elegir a representantes que sean representativos. Personas que, en primer lugar, se le parezcan lo máximo posible, y que, en segundo lugar, no tengan ninguna clase de individualidad propia. Personas que, al fin y al cabo, dado que no tienen fortuna propia, no tengan ninguna clase de independencia.

Deploramos que la democracia se entregue a los políticos, pero, desde su propio punto de vista, un punto de vista que no puede evitar adoptar, es absolutamente lógico, pues ¿qué es un político? Es un hombre que, en cuanto a opiniones personales, es una nulidad; en cuanto a educación, una mediocridad. Comparte los sentimientos habituales y las pasiones de la masa, su única ocupación es la política y, si dicha carrera le estuviese vetada, moriría de hambre.

El político es exactamente lo que la democracia necesita.

Alguien cuya educación no le llevará jamás a desarrollar ideas propias; y que, dado que no tiene ideas propias, no permitirá que estas ideas entren en conflicto con sus prejuicios. Sus prejuicios serán, al principio por una especie de convicción débil y luego por su propio interés, idénticos a los de la multitud; y, al final, la pobreza y la imposibilidad de ganarse la vida fuera de la política aseguran que no traspase jamás la reducida esfera en la que le han confinado sus patronos políticos; su mandato imperativo es la necesidad material que le obliga a obedecer; su mandato imperativo es su incapacidad para poner en riesgo su medio de ganarse el pan.

La democracia necesita obviamente políticos, no necesita nada más que políticos, y de hecho necesita que en política no haya otra cosa más que políticos.

Su enemigo, o más bien el hombre a quien la democracia teme porque se trata de alguien que quiere gobernar y no tiene la intención de permitir que la multitud gobierne a través de él, es el hombre que logra salir elegido en algún que otro distrito electoral, ya sea por la influencia de su riqueza o por el prestigio de su talento y notoriedad. Alguien así no depende de ella. Si una asamblea legislativa estuviese enteramente, o en su mayor parte, formada por hombres ricos, hombres de inteligencia superior, hombres que estuviesen interesados en atender los negocios o profesiones en los que hubiesen alcanzado el éxito en lugar de al juego de la política, votarían según sus propias ideas y, entonces, ¿qué pasaría? Pues que en ese caso la democracia simplemente desaparecería. Ya no seguiría legislando y gobernando; habría, para ser exactos, una aristocracia, quizá no establecida de forma muy permanente, pero aun así una aristocracia que eliminaría la influencia del pueblo en los asuntos públicos.

Sin duda es casi imposible para la democracia, si pretende sobrevivir, fomentar la aptitud, o mejor dicho, es casi imposible que se abstenga de intentar destruir la aptitud.

De modo que, podemos resumir, la democracia sólo elige como representantes del pueblo a aquellos que son al mismo tiempo su contraparte exacta y perpetuos dependientes de ella.

CAPÍTULO II

CONFUSIÓN DE FUNCIONES

¿Y cuál es el resultado de todo ello? El resultado, que es muy lógico, muy justo desde el punto de vista democrático, y precisamente el que la democracia desea y el que no puede hacer otra cosa que desear, es que los representantes nacionales hacen exactamente lo que al pueblo le gustaría que hiciesen, y lo que haría él mismo si pudiera gobernar sin intermediarios. El gobierno representativo desea hacerlo todo por sí mismo, igual que desearía hacerlo el pueblo si estuviera ejerciendo las funciones de gobierno directamente, igual que lo hacía todo él mismo en el Pnyx,[9] en Atenas.

Montesquieu lo comprendió a la perfección, aunque por supuesto él no contaba con la experiencia sobre el funcionamiento de la teoría bajo un sistema representativo y parlamentario. En el fondo, el principio de todo ello es el mismo, y basta con cambiar una sola frase para hacer que la siguiente cita sea del todo aplicable: «El principio de la democracia —dice Montesquieu— se ve corrompido no sólo cuando pierde el espíritu de igualdad, sino aún más cuando lleva el espíritu de igualdad al extremo, y cuando cada cual quiere ser igual que aquel a quien elige para gobernarle, pues entonces el pueblo, incapaz de tolerar la autoridad que él mismo ha creado, quiere hacer todo lo posible para hacerlo todo él mismo: deliberar en el Senado, actuar en lugar de los magistrados

---

[9] Lugar de reunión de la asamblea del pueblo o *ekklesía*.

y usurpar las funciones de los jueces. El pueblo quiere desposeer a los magistrados de sus funciones y, como es lógico, se deja de respetar a los magistrados. Se permite que las deliberaciones del Senado no tengan ninguna importancia y, como es natural, se acaba despreciando a los senadores».

Traduzcamos: bajo un gobierno democrático parlamentario, los representantes del pueblo están decididos a hacerlo todo ellos mismos. Deben ser iguales a quienes eligen como gobernantes. No toleran la autoridad que han confiado al gobierno. Deben gobernar ellos mismos en lugar del gobierno, administrar en lugar del personal ejecutivo, sustituir la autoridad de la judicatura por la suya propia, desempeñar las funciones de los magistrados y, en una palabra, deshacerse de toda consideración y respeto por las personas y las cosas.

Esta es la verdadera esencia del espíritu popular, la voluntad del pueblo que quiere hacerlo todo por sí mismo, o, lo que es lo mismo, a través de sus representantes, sus criaturas fieles y serviles.

De aquí en adelante, se persigue y se acaba con la aptitud a discreción; de la misma forma que fue excluida en la elección de representantes, así también la excluyen de toda clase de cargos y puestos de trabajo dentro del servicio público, laboriosa y continuamente, los propios representantes.

El gobierno, por comenzar nuestro análisis de confusión funcional por lo más alto, debe ser vigilado y asesorado por los representantes nacionales, pero debe ser independiente de los representantes nacionales, o al menos no estar inextricablemente mezclado con ellos; en otras palabras: los representantes nacionales no deben gobernar. En democracia, esto es precisamente lo que se pretende. Ellos eligen al gobierno, un privilegio que no hay necesidad de negarles; pero, «incapaces de tolerar la autoridad que han creado», tan pronto como lo nombran, empiezan las presiones e insisten en gobernar continuamente en su lugar. La asamblea de representantes nacionales no es un órgano que hace leyes, sino un órgano que, mediante una sucesión interminable de interpelaciones, dicta a diario al gobierno lo que debe hacer; en definitiva, es un órgano que gobierna.

El país es gobernado, literalmente, por la Cámara de Diputados, y así debe ser si, tal y como exige el verdadero espíritu del sistema, al pueblo no debe gobernarlo nadie más que él mismo, si no debe haber ninguna voluntad operativa que no sea la voluntad del pueblo, emanada de sí mismo y regresando a él en la forma de actos ejecutivos. Debe ser así para que no haya nada, ni siquiera algo cuyo origen esté en el pueblo, que, ni por un instante y sin salirse de los más estrechos márgenes definidos, ejerza funciones soberanas sobre el pueblo soberano.

Todo eso está muy bien, pero el gobierno es un arte y supuestamente una ciencia, y aquí tenemos al pueblo gobernado por personas que no tienen ni ciencia ni arte ¡y que son elegidos precisamente porque no tienen estas cualificaciones y en la garantía de que no tienen ninguna de las dos!

En una democracia de este tipo, si, como resultado de la tradición o de alguna necesidad que surja de las relaciones exteriores, existe una autoridad independiente durante un cierto número de años de la asamblea legislativa, que no tenga que rendirle cuentas y que no pueda ser cuestionada o constitucionalmente derrocada, esa autoridad es tan extraña, y, si se me permite la expresión, es una anomalía tan monstruosa, que no se atreve a ejercer su poder y teme el escándalo que desataría al actuar en ejercicio de sus derechos, y parece como si estuviera paralizada de terror de sólo pensar en su propia existencia.

Y su actitud es correcta, porque si hiciera uso de sus poderes, o incluso se permitiese dar a entender que lo hace, habría en ese instante un acto de voluntad que no sería un acto de la voluntad popular, una teoría absolutamente contraria al espíritu de este sistema. Y ello porque, en dicho sistema, el jefe de Estado sólo puede ser el jefe de Estado nominal. Una voluntad propia representaría un abuso de poder por su parte, una idea propia sería una transgresión, y una palabra propia implicaría un acto de lesa soberanía.

De ello se deduce que, aunque la constitución le ha conferido formalmente estos poderes, en estos puntos la constitución es papel mojado, porque contraviene una constitución no escrita con mayor grado de autoridad, a saber, el alma misma de la institución política.

Uno de estos jefes honorarios de Estado ha dicho: «Durante toda mi presidencia, estuve constitucionalmente mudo». Esto no es exacto, porque la constitución le daba permiso para hablar, e incluso para actuar. Pero en el fondo era cierto, pues la constitución, al permitirle actuar y hablar, actuaba de forma inconstitucional. Hablar habría sido un acto constitucional por su parte; al morderse la lengua, actuó de forma institucional. En realidad estuvo *institucionalmente* mudo. Desobedeció el texto de la constitución, pero extrajo admirablemente su significado y entendió y respetó su espíritu.

De modo que, en democracia, los representantes nacionales gobiernan todo lo directa y realmente que pueden, dictando la política del Ejecutivo y neutralizando al jefe supremo del Ejecutivo, al que no pueden ordenarle nada.

Los representantes nacionales no se conforman con gobernar: quieren administrar. Consideremos ahora qué pasaría si los funcionarios permanentes de Hacienda, de Justicia, de Interior, etc. dependiesen únicamente de sus ministros, que son ministros precisamente porque dependen del cuerpo legislativo y son susceptibles de un despido inmediato que se produce de manera frecuente; en ese caso, seguramente, estos funcionarios, más estables que sus jefes, formarían una aristocracia y administrarían el Estado con independencia de la voluntad popular y de acuerdo con sus propias reglas, tradiciones e ideas.

Esto no puedo consentirse. No puede haber más voluntad que la voluntad del pueblo; ningún otro poder, por limitado que sea, salvo el suyo.

Esto crea un dilema bastante evidente, pues nos encontramos ante dos efectos opuestos de una misma causa. Dado que la asamblea popular gobierna a los ministros y con frecuencia los cesa, éstos no son capaces de gobernar a sus subordinados como lo hacían Colbert y Louvois,[10] y por consiguiente estos subordinados son muy independientes; ocurre por tanto que, cuanto mayor sea la autoridad que la asamblea popular ejerce sobre los ministros, más probable es que pierda el control sobre los subordinados de los ministros; así, al destruir un poder que rivaliza con el suyo, crea otro.

---

10 Famosos ministros de Luis XIV que, en una u otra cartera, se mantuvieron en el poder durante décadas.

El dilema, sin embargo, se evita con bastante facilidad. Ningún funcionario público es nombrado sin recibir el visto bueno de la asamblea, que se las arregla incluso para elegir a los funcionarios administrativos. En primer lugar, los representantes nacionales, en su capacidad corporativa y en su palacio legislativo y dictatorial, vigilan con suma atención el nombramiento del personal permanente, y además, cada uno de los miembros del cuerpo legislativo en su provincia, en su departamento, en su distrito, impone el nombramiento de candidatos que sean de su agrado, de modo que, en la práctica, nombra al personal permanente. Por supuesto, esto es necesario si se desea que prevalezca la voluntad nacional aquí al igual que en todas partes, y si el pueblo quiere asegurarse servidores afines, o, en palabras de Montesquieu, si quiere «elegir a sus propios magistrados».

De modo que el pueblo los elige a través de la intervención de sus representantes, y recordemos lo absolutamente necesario que es para él asegurarse representantes que sean intelectualmente la imagen exacta y el reflejo de sí mismo. Todos los elementos encajan a la perfección.

Aquí tenemos por tanto al pueblo interfiriendo significativamente en el nombramiento de los empleados públicos. Continúa «haciéndolo todo él mismo». Surgen quejas por todas partes debido a esta confusión de la política con la actividad administrativa, y de hecho escuchamos continuamente que «la política lo invade todo». Pero ¿qué es lo que ocurre al fin y al cabo? Se trata del principio de soberanía nacional afirmándose a sí mismo. La política, el poder político, es la voluntad de la mayoría de la nación, y ¿no conviene que la voluntad de la mayoría se haga sentir —de hecho, debería sorprendernos que insista en hacerse sentir— en los pormenores de la actividad pública, administrada por el personal permanente, al igual que en el resto de la administración? El ideal democrático consiste en que el pueblo elija a sus propios gobernantes; aunque no se trate del ideal democrático, sí es la idea democrática, y es justo lo que hace en una democracia parlamentaria a través de la intervención de sus representantes.

Todo esto está muy bien, pero con ello se asesta un nuevo golpe a la aptitud. Pues ¿cómo se postula un candidato para un cargo que deciden el pueblo y sus representantes? ¿Por su mérito?

Sus jefes y sus compañeros funcionarios serían aptos para juzgar ese mérito, pero el pueblo o sus representantes no lo son, o lo son en una medida mucho menor.

«El pueblo está admirablemente capacitado para elegir a aquellos a quienes tiene que confiar parte de su autoridad»; eso dice Montesquieu. Examinemos ahora con un poco más de detalle esta afirmación. ¿Qué razones ofrece el filósofo? «El pueblo sólo puede regirse por cosas que no puede ignorar, y que caen, por así decirlo, dentro de su campo de observación. Sabe muy bien si un hombre tiene experiencia en la guerra, y si ha tenido tales y tales éxitos; es por tanto perfectamente apto para elegir a un general. Sabe si un juez es industrioso, si la mayoría de los litigantes en su juzgado salen satisfechos y si no ha sido nunca condenado por recibir sobornos, de modo que eso le basta para elegir a un pretor. Le han impresionado la magnificencia o las riquezas de algún ciudadano, y ello le habilita para nombrar a un edil. Todos estos son asuntos prosaicos que conoce mejor el hombre de la calle que el rey en su palacio».

Confieso que este pasaje no me parece muy convincente. ¿Por qué un rey en su palacio no iba a saber de las riquezas de un financiero, de la reputación de un juez o del éxito de un coronel tan bien como el hombre de la calle? No es nada difícil obtener información sobre esta clase de asuntos. El pueblo sabe que fulano ha sido siempre un buen juez y que mengano siempre fue un excelente oficial. Por lo tanto está capacitado para nombrar a un general o a un juez del tribunal supremo u otro funcionario judicial. Que así sea, pero, para la selección de un joven juez o un oficial joven sin experiencia, ¿qué fuente especial de información tiene el pueblo? Soy incapaz de ver que tenga alguna. Con este mismo argumento, Montesquieu limita la capacidad del pueblo para elegir a los cargos principales y a los magistrados más eminentes, y aún más, limita la prerrogativa popular en esta materia a la asignación de cargo y carrera a alguien que ya haya dado pruebas de su capacidad. Pero, para poner por primera vez al hombre competente en el puesto que le corresponde, ¿cuenta el pueblo con algún instinto o información especial? Montesquieu muestra que el pueblo puede reconocer la capacidad cuando ha sido demostrada, pero no dice nada que demuestre que pueda reconocer de inmediato el talento emergente aún por comprobar. El argumento de Montesquieu no es, en este punto, concluyente.

Me da la impresión de haberse dejado extraviar por su deseo de presentar su argumento de forma antitética (usando el término en su sentido lógico). Lo que pretendía demostrar en realidad no era tanto la verdad de la proposición que estaba desarrollando en ese punto como la falsedad de la proposición contraria. La cuestión para él, la pregunta que tenía en mente, era la siguiente: ¿Es capaz el pueblo de gobernar el Estado, de tomar medidas previsoras y de comprender y resolver las dificultades de los asuntos nacionales y exteriores? De ninguna manera. ¿Es apto entonces para elegir a sus propios magistrados? Bueno, podría serlo. De modo que esta antítesis le extravió tanto como para decir: ¿Capaz para gobernar? ¡Claro que no! ¿Capaz para elegir a sus propios magistrados? ¡Admirablemente! La explicación del párrafo entero que acabo de citar se encuentra en la conclusión, que dice como sigue: «Todos ellos son asuntos prosaicos que conoce mejor el hombre de la calle que el rey en su palacio. Pero ¿puede el pueblo conducir una política y saber cómo servirse de los lugares, ocasiones y tiempos en que las acciones serán beneficiosas? ¡No! ¡Claro que no!».

La verdad es que el pueblo está mejor preparado para elegir a un magistrado que para llevar a cabo una política de humillación gradual de la Casa de Austria. Pero no demasiado, ya que es sólo un poco más difícil humillar a la Casa de Austria que identificar al hombre capaz de llevar a cabo esa humillación.

Las masas son particularmente incompetentes para hacer nombrar a debutantes y para promocionar, durante las primeras etapas de su carrera, a quienes merecen promoción. Sin embargo, en democracia, esto es justo lo que hacen constantemente.

Una vez más, ¿por qué medios consigue el candidato para un empleo público el favor del pueblo y de sus representantes? ¿Por su mérito, que tan mal juzgan el pueblo y sus representantes? ¡No! ¿Por qué medio, entonces? Por su conformidad con la opinión general del pueblo; es decir, por sus opiniones políticas. Las opiniones políticas del candidato a un empleo en la administración pública son lo único que lo distingue para el favor popular, porque dichas opiniones son lo único que el pueblo está en condiciones de juzgar correctamente.

—Sí, pero la coincidencia con las opiniones generales del pueblo puede ir acompañada de auténtico mérito.

—Es cierto, pero se trata de una mera cuestión de azar. Puede que el pueblo no sea, en este asunto en particular, conscientemente hostil a la aptitud, sino que es más bien indiferente o ignora por completo la cualificación. De hecho, no se valora demasiado la aptitud en dichos trámites.

Esto es lo que inevitablemente sucede. El candidato a funcionario consciente de no poseer ningún mérito en particular no es tan lento como para no darse cuenta de que su éxito depende de sus opiniones políticas y, como es natural, profesa las que sean necesarias. El candidato a funcionario consciente de su mérito, que con frecuencia sabe muy bien de qué pie cojean los competidores menos meritorios y no quiere quedarse sin el puesto, profesa también las mismas útiles opiniones. Ahí tenemos una muestra de la «solidaridad del mal» que tan admirablemente ha descrito el Sr. Renouvier en su *Ciencia de la Moral*.

En primer lugar, entonces, vemos cómo la mayoría de los candidatos escogidos por los mandatarios del pueblo son incompetentes; y otros, que son elegidos a pesar de su aptitud, son hombres de carácter mediocre; y debemos admitir que el carácter, en todas o en casi todas las carreras públicas, es parte integrante de la aptitud.

Existe un pequeño número de personas meritorias que nunca se han identificado con las opiniones políticas en boga y que se han colado en un empleo público gracias a algún breve instante de distracción por parte de los políticos. Estos intrusos a veces progresan por la mera fuerza de las circunstancias, pero nunca alcanzan los cargos más altos, que están siempre reservados, como es legítimo, para aquellos en quienes el pueblo ha depositado su confianza.

Así es como el pueblo administra y gobierna mediante la intervención del sistema representativo: dictando a los ministros la política y los pormenores del gobierno.

—Pero yo no veo que el pueblo administre —objetará alguno—; yo veo que nombra a los administradores.

—En primer lugar —respondo yo—, nombrar a los funcionarios ya supone un gran avance para controlarlos, porque infunde en el cuerpo de la función pública permanente el espíritu del pueblo a despecho de toda otra fuente de inspiración, y previene eficazmente que el funcionariado se convierta en una aristocracia, como por otra parte ha sido siempre su tendencia. A continuación, el pueblo no se limita a elegir a sus administradores; los vigila, los espía, los mantiene atados en corto, y así como los representantes populares dictan a los ministros los pormenores de gobierno, también dictan a los administradores los pormenores de la administración.

Un prefecto,[11] un procurador general, un ingeniero jefe, en un gobierno democrático, es un hombre muy hostigado. Tiene que arreglárselas como puede con el responsable de su ministerio y los diputados de su distrito. Debe obedecer al ministro, pero también tiene que obedecer a los diputados del distrito que administra. A este respecto pasan algunas cosas curiosas y se dan situaciones muy complicadas. El prefecto debe obediencia a los diputados y al ministro, y el ministro obedece a los diputados, y podría por tanto suponerse que existe una sola voluntad, voluntad que el prefecto debería obedecer. Pero lo que el ministro tiene que obedecer es la voluntad general de los representantes populares, y es esta voluntad popular la que transmite al prefecto para que la siga; pero entonces el prefecto se encuentra enfrentado con las voluntades individuales de los diputados de su distrito. El resultado son lo que podemos llamar conflictos de obediencia, que tienen extraordinario interés para el psicólogo, pero que son menos agradables para el prefecto, el ingeniero jefe o el procurador general.

Observamos entonces, en primer lugar, cómo concurre todo para hacer que el representante de la voluntad popular sea tan incompetente como omnipotente. Incompetente lo es sin duda, como ya hemos visto, de inicio; y, si no fuera así ya, sin duda acabaría siéndolo a base de oficio o, mejor dicho, del surtido variado de oficios que recaen sobre él. La forma más segura de volver a un hombre incompetente es hacerlo *aprendiz de todo*, de modo que no sea maestro de nada. En segundo lugar, el representante de la voluntad y el espíritu populares, además de su oficio de legislador, tiene que interpelar a los ministros y dictarles los pormenores

---

[11] Figura que se corresponde con el antiguo gobernador civil español y el actual delegado del Gobierno.

de su deber, es decir, tiene que ocuparse de todas las políticas, nacionales e internacionales. También debe administrar, eligiendo y vigilando a los administradores, y controlando y promoviendo sus actos. Sin tener en cuenta los pequeños servicios individuales que le corresponde prestar a sus electores, y que sus electores no dudan en exigirle, acaba siendo responsable de todo lo que ocurre. Se convierte en una especie de capataz universal, no un hombre, sino un hombre orquesta, un metomentodo, tan ocupado que no puede centrarse en nada. No puede estudiar, pensar, o investigar o, para ser precisos, formarse juicio alguno.

Si fuese competente en alguna tarea en particular, tras algunos años de actividad se vuelve irremediablemente incompetente en todas las tareas. De ahí en adelante, y por así decirlo, vaciado de toda individualidad, no queda de él nada salvo un hombre público, es decir, un hombre que representa la voluntad popular y nunca piensa, o es capaz de pensar, en nada salvo en hacerla prevalecer.

Y, por remachar de nuevo este punto, esto es todo lo que se le exige, pues ¿pueden concebir un representante de la voluntad popular que de algún modo se hubiese mantenido en cierta medida competente en administración financiera o judicial, que prefiriese, antes que a otros candidatos, no a un partidario político sino a un hombre de mérito, conocimiento y aptitud, y que incluso aprobase en un administrador, no actos políticamente partidarios, sino actos justos y alineados con los intereses del Estado? ¡Por qué! Alguien así resultaría un servidor detestable a los ojos de la democracia.

Sí, y yo he conocido a un hombre así. No le faltaban inteligencia o ingenio, y era honesto. Como abogado, le interesaba naturalmente la política. Por motivos locales no había logrado salir elegido como diputado ni como senador. Cansado de luchar, obtuvo un cargo judicial por influencia de sus aliados políticos. Se convirtió en presidente de un tribunal. Le llegó un caso en el que el acusado, una persona con una vida quizá no del todo intachable, claramente no era culpable de ningún acto criminal. El acusado, no obstante, era un antiguo prefecto nombrado por un gobierno que se había vuelto entonces muy impopular y, conocido por ser un reaccionario y un aristócrata, fue procesado por la animosidad de toda la población demócrata de la ciudad y de la provincia. El presidente, haciendo frente a la abierta hostilidad que se palpaba en el tribunal, lo absolvió. Por la noche, el presidente comentó, no sin un toque de humor: «¡Lo tienen bien empleado por no haberme hecho senador!» En otras palabras: «Si hubiesen hecho de mí un hombre político, me habrían privado de toda valía o al menos habrían bloqueado toda aptitud en mí. Pero no lo hicieron, así que aquí me tienen, un hombre que conoce la ley y la aplica. ¡Tanto peor para ellos!»

«Al hacer esclavo al hombre, Zeus se quedó la mitad de su alma». Así lo dice Homero. Al hacer político al hombre, Demos toma de él su alma entera; y, al no hacerlo político, es lo bastante estúpido como para dejar que conserve su alma.

Es por eso que Demos odia la función pública permanente. Un magistrado inamovible o un funcionario es un hombre al que la constitución libera del control de la plebe. Un funcionario inamovible es un hombre emancipado, un hombre libre. Demos no ama a los hombres libres.

Esto explica por qué, en todas las naciones en las que predomina, la democracia suspende de vez en cuando, dondequiera que la encontremos, la inamovilidad de los funcionarios independientes. En teoría el objetivo es «depurar» a los empleados públicos, pero en realidad se pretende enseñar a estos empleados, con los que cuenta en abundancia, que su permanencia es muy relativa y que, como todo el mundo, tienen que contar con la soberanía del pueblo, que se revolverá y acabará con ellos si se aventuran a ser demasiado independientes.

La constitución de 1873 preveía la existencia de senadores inamovibles en Francia. Con vistas a un buen gobierno, es posible que se tratase de una solución sensata. El diseño constitucional pretendía que los senadores inamovibles fuesen, y de hecho lo fueron, políticos y administrativos veteranos de cuyo conocimiento, aptitud y experiencia sacarían provecho sus colegas. El plan, desde este punto de vista, podría haber funcionado bien si los senadores inamovibles no hubiesen sido elegidos por sus colegas, sino que hubieran llegado a serlo por derecho; por ejemplo, todos los expresidentes de la República, todos los expresidentes de la *Cour de cassation*,[12] todos los expresidentes de la Corte de Apelaciones, todos los almirantes o todos los arzobispos podrían haber sido ascendidos de oficio al rango de senadores vitalicios. Desde el punto de vista democrático, sin embargo, se vio como algo absolutamente indignante que existiese un representante del pueblo que no tuviera que rendirle cuentas al pueblo, un representante del pueblo que no tuviese nada que temer de los accidentes de la reelección y ningún riesgo de no asegurarse la reelección. Lo indignante, en suma, era que un hombre fuese elegido por su supuesta aptitud y no representase en modo alguno al pueblo, sino a sí mismo.

Se suprimieron los senadores permanentes. Como es obvio, constituían una aristocracia política que se justificaba por los servicios prestados, y el Senado que elegían también se vio tachado de inclinaciones aristocráticas, ya que en aquella época reclutaba a sus miembros mediante cooptación. Esto, por supuesto, resultaba intolerable.

---

[12] Tribunal superior equivalente al Tribunal Supremo español. En adelante en el texto aparece referido como «Corte de Casación».

CAPÍTULO III

LOS REFUGIOS DE LA APTITUD

Podrían ustedes con razón preguntar: cuando se elimina la aptitud de todo empleo público, ¿busca refugio en alguna parte? Sin duda lo hace. En oficios privados y en oficios pagados por asociaciones. Abogados, procuradores, médicos, empresarios, fabricantes y autores no son profesionales pagados por el Estado, ni tampoco ingenieros, mecánicos o empleados del ferrocarril; y su aptitud, lejos de ser un obstáculo para su empleo, es su activo más valioso. Cuando un hombre consulta a su abogado o a su médico, obviamente no tiene interés en su filiación política, y cuando una compañía ferroviaria elige a un ingeniero indaga sobre su cualificación y su aptitud, y le resulta absolutamente indiferente si su ideología política coincide o no con la mentalidad general del pueblo.

Es debido a ello, al menos en parte, que la democracia trata de nacionalizar todo el empleo, como un paso hacia la nacionalización de todo lo demás. Puede por ejemplo nacionalizar en parte la profesión médica estableciendo nombramientos para médicos en hospicios, escuelas y liceos. También puede nacionalizar en parte la abogacía designando profesores de derecho pagados por el Estado.

El Estado cuenta ya con un control considerable sobre esta clase de personas, pues la mayoría de ellas tienen conocidos funcionarios a quienes no desean poner en un compromiso pareciendo hostiles a la opinión de la mayoría. El Estado, sin embargo, quiere mantenerlos bajo un control aún mayor, y aprovecha cualquier oportunidad para nacionalizarlos y socializarlos de una forma más completa.

El Estado también quiere destruir a todas las grandes asociaciones y usurpar sus funciones. La adquisición estatal de un ferrocarril, por ejemplo, es, en primer lugar, una forma de explotar la empresa, pues siempre cabe la esperanza de que el Estado pueda sacar algún beneficio de la operación; pero el principal efecto consiste en suprimir todo un ejército de empleados y directivos que no tenían ninguna obligación de complacer al gobierno y que no tenían más interés que hacer su trabajo correctamente. De este modo, el Estado convierte a esta población libre en empleados del gobierno, cuya tarea principal es ser dóciles y serviles.

Bajo la forma extrema y completa de este régimen, es decir, bajo el socialismo, todo el mundo se convierte en funcionario del gobierno.

—En consecuencia —dicen los teóricos socialistas—, desaparecen todos los presuntos inconvenientes mencionados anteriormente. El Estado, la democracia, el partido dominante, como prefieran denominarlo, ya no tendrá que seleccionar a sus funcionarios, como dice usted que hace, en función de su docilidad y de su incompetencia, porque todos los ciudadanos serán funcionarios. De este modo desaparece también ese sistema social dual bajo el que la mitad de la población vive del Estado, mientras que la otra mitad es independiente y se enorgullece de su superioridad de carácter, inteligencia y aptitud. El socialismo resuelve este problema.

—Dudo mucho que lo resuelva —respondo yo—, porque en un régimen socialista, el sistema electoral y, por tanto, el sistema de partidos, sigue existiendo. Los ciudadanos eligen a los legisladores, los legisladores eligen al gobierno, y el gobierno elegirá a los organizadores del trabajo y a los distribuidores de los medios de subsistencia. Los partidos, es decir, las combinaciones de intereses, siguen existiendo, y cada partido busca apoderarse de la asamblea legislativa para asegurarse la elección, de entre sus miembros, de los organizadores del trabajo y de los distribuidores de los medios de subsistencia. Estos directores y distribuidores serán los nuevos aristócratas del socialismo, y se espera de ellos que se ocupen de proveer «empleos suaves» y raciones más amplias para los miembros de su propio grupo o partido.

Salvo porque la riqueza y los últimos vestigios de libertad han sido eliminados, nada ha cambiado, y todas las objeciones mencionadas arriba siguen vigentes. Esto no resuelve nada, porque, si lo hiciera, entonces el gobierno socialista no podría continuar siendo electivo por mucho tiempo. Tendría que reinar por derecho divino, como los jesuitas en Paraguay. Tendría que ser despótico, no sólo en su actividad, sino también en su origen; de hecho, tendría que ser una monarquía. Ningún rey inteligente tiene incentivo alguno para elegir a hombres incompetentes como sus oficiales. Su interés le llevaría a hacer exactamente lo contrario. Se dice que un rey inteligente es algo muy raro, incluso algo anormal. Estoy bastante de acuerdo. Excepto en algunos pocos casos, que la historia registra con estupefacción, un rey tiene exactamente las mismas razones que el pueblo para seleccionar como sus favoritos a hombres que no le eclipsen ni le contradigan. Debido a ello, rara vez resultan ser el mejor de los ciudadanos, ya sea por su inteligencia o carácter. El socialismo electivo y el socialismo despótico tienen los mismos defectos que la democracia tal y como la conocemos.

En el fondo, la deriva de la democracia hacia el socialismo no es más que una vuelta al despotismo. Si se estableciese el socialismo, comenzaría siendo electivo y, como todo sistema electivo, vive y respira y tiene su razón de ser en el sistema de partidos; el partido dominante elegiría a la asamblea legislativa, formaría de ese modo el gobierno y obtendría de él por la fuerza, simplemente porque tiene el poder para hacerlo, todos los privilegios imaginables. Ello daría lugar a la explotación del país por la mayoría, como en cualquier país en el que prevalece el gobierno electivo.

Por lo tanto, un gobierno socialista es principalmente una oligarquía de organizadores del trabajo y distribuidores de subsistencia. Es una oligarquía sofocante, pues los que están bajo ella están absolutamente indefensos, igualados a la baja en indigencia y miseria. Es una forma de gobierno muy difícil de reemplazar, porque tiene en sus manos las riendas de una organización tan intrincada que debe protegerse de los intentos bruscos por cambiarla, de modo que tiende a ser una oligarquía permanente. Por tanto, se concentraría rápidamente alrededor de un líder, o, en todo caso, relegaría a segunda fila a los representantes nacionales y al electorado.

Esta trayectoria sería muy similar a lo ocurrido bajo el Primer Imperio en Francia, cuando la casta militar eclipsaba y lo dominaba todo. Se convirtió en un elemento necesario para el Estado de forma permanente y, aunque dicha necesidad declinó, reapareció enseguida. La casta cerró entonces filas alrededor del líder que le ofrecía unidad y la fuerza de la unidad.

De modo que, bajo el socialismo, más lentamente y quizá tras el transcurso de una generación, los organizadores del trabajo y los distribuidores de alimentos, pacíficos jenízaros del nuevo orden, se constituyen en una casta muy reducida, muy homogénea y (a diferencia de los legisladores, que siempre pueden ser sustituidos por un consejo ejecutivo) absolutamente indispensable, y cierran filas alrededor de un jefe que les ofrezca unidad y la fuerza de la unidad.

Antes de conocer el socialismo, solíamos decir que la democracia tiende de forma natural hacia el despotismo. La situación parece en cierto modo haber cambiado, y ahora podemos decir que tiende al socialismo: nada ha cambiado en realidad. Y ello porque, al tender hacia el socialismo, tiende hacia el despotismo. El socialismo no es consciente de ello, pues se imagina que está avanzando hacia la igualdad, pero, más allá de estas utopías de igualdad, lo que emerge es siempre el despotismo.

Pero esto es una digresión que se refiere al futuro; volvamos ahora al presente.

CAPÍTULO IV

EL LEGISLADOR COMPETENTE

La democracia, en su forma moderna, invade primero el poder ejecutivo y después las autoridades administrativas, y las somete a sujeción por medio de sus delegados, los legisladores a los que elige a su propia imagen, o lo que es lo mismo, debido a que son incompetentes y apasionados, como decía Montesquieu, aunque quizá se contradiga un poco en este punto: «Al pueblo lo mueven únicamente sus pasiones».

¿Cuál debe ser entonces el carácter del legislador? Exactamente el contrario, en mi opinión, del que tiene el legislador democrático. El legislador ideal debería estar bien informado y completamente exento de prejuicios.

Debería estar bien informado, pero esta información no debe consistir únicamente en formación teórica, si bien un amplio conocimiento legal resulta de enorme utilidad, puesto que evitará que haga, como tan a menudo sucede, exactamente lo contrario de lo que pretende hacer. Debe también comprender en profundidad el temperamento y el carácter del pueblo para el que legisla, porque una nación sólo deben regirla las leyes y mandatos que pueda tolerar, como dijo Solón de forma admirable: «Les he dado las mejores leyes que podían soportar»; y el Dios de Israel dijo a los judíos: «Os he dado preceptos que no son buenos», es decir, que tienen la bondad justa para que vuestra maldad los tolere. «Esta es la esponja —dice Montesquieu— que elimina todas las dificultades que puedan surgir de las leyes de Moisés».

El legislador, por tanto, debe comprender el temperamento y el genio del pueblo porque tiene que dar forma a sus leyes. Como dicen los alemanes, debe ser un experto en la psicología de los pueblos. Además, debe entender el temperamento, las peculiaridades y el carácter del pueblo sin compartir él mismo ninguno de los tres. Pues, en lo que a las pasiones e inclinaciones se refiere, la experiencia no es conocimiento. Por el contrario, la experiencia nos impide conocer de verdad; y, de hecho, una de las condiciones del conocimiento es la ausencia de una experiencia que podríamos denominar sesgo.

El legislador ideal, o en realidad cualquier legislador digno de tal nombre, debería comprender las tendencias generales de su pueblo, pero debe ser capaz de verlas desde una posición independiente y ser capaz de controlarlas, porque es su responsabilidad satisfacerlas en parte y también combatirlas en parte.

Tiene que satisfacerlas en parte, o por lo menos tenerlas en cuenta, porque una ley que indignase gravemente a la opinión pública sería como el corcel de Roldán, que tenía todas las cualidades concebibles salvo por un defecto grave: que estaba muerto, y nació muerto. Supongamos que a los romanos les hubiesen impuesto una ley internacional que decretase respetar a los pueblos conquistados. Habría sido papel mojado, y por una especie de contagio habría conducido a la desobediencia de otras leyes. Supongamos que a los franceses les impusieran una ley liberal, una ley que prescribiese el respeto por los derechos individuales del hombre y del ciudadano. La libertad, el objeto de dicha ley, es para los franceses, como ha señalado el barón Joannes: «El derecho de cada hombre a hacer lo que quiera y a impedir que otros hombres hagan lo que quieran». En Francia una ley así nunca obtendría algo más que una lealtad muy reticente, y sin duda daría lugar a la desobediencia de otras leyes.

El legislador debería por tanto entender la idiosincrasia natural de su pueblo para saber hasta qué punto puede atreverse a contrariarlo.

Debería combatir en parte las tendencias generales del pueblo porque la ley debe ser para una nación lo que la ley moral es para un individuo, o de lo contrario no sería más que un reglamento de policía. La ley debería ser una restricción que se impone continuamente con la esperanza de futuras mejoras. Debería suponer un freno para los caprichos peligrosos, las tendencias nocivas y las pasiones funestas. Debería combatir el egoísmo, o, mejor dicho, debería ser un egoísmo racional que combatiese el egoísmo pasional. A esto se refería Montesquieu al decir que la moral debería corregir el clima de opinión, y que las leyes deberían corregir la moral.

La ley, por tanto, debería corregir hasta cierto punto las tendencias de la nación; debería ser un poco amada debido a su equidad; un poco temida por su severidad; un poco odiaba por su relativa hostilidad hacia la opinión mayoritaria del momento; y respetada porque se entiende que es necesaria.

Ésta es la ley a la que el legislador tiene que dar forma, de modo que debe conocer en profundidad el carácter del pueblo para el que legisla. Debe comprender tanto las tendencias que le harán frente como las que le allanarán el camino. Debe saber hasta qué punto puede llegar sin oposición, y hasta dónde puede aventurarse sin perder su autoridad.

Esta es la cualificación principal y esencial para el legislador.

La segunda, como hemos dicho antes, es que debe ser imparcial. La esencia misma del legislador es que debe tener moderación, esa virtud que Cicerón tiene en tan alta estima y que resulta tan rara si atendemos a su significado real: el equilibrio perfecto entre mente y alma. «Tengo la impresión —dice Montesquieu—, y he escrito este libro únicamente para demostrarlo, de que el espíritu de la moderación es esencial para un legislador, pues el bien, tanto político como moral, se encuentra entre dos extremos».

Nada le resulta más difícil a un hombre que el control de sus pasiones, o más difícil para un legislador que el control de las pasiones del pueblo del que forma parte, por no hablar de las suyas propias. «Aristóteles —dice Montesquieu— quiso satisfacer, en primer lugar, sus celos de Platón, y después su amor por Alejandro. Platón estaba indignado con la tiranía de los atenienses. Maquiavelo estaba embebido de su ídolo, el duque de Valentinois. Tomás Moro, que acostumbraba a hablar más sobre lo que había leído que sobre lo que había pensado, quería gobernar todos los Estados basándose en el modelo griego de ciudad. Harrington no podía pensar en nada que no fuese una república inglesa, mientras que una gran masa de escritores pensaba que reinaría la confusión allí donde no hubiese monarquía. Las leyes están siempre en contacto con las pasiones y los prejuicios del legislador (ya sean los suyos propios o los que tiene en común con su pueblo). A veces pasan a través de los prejuicios del momento y simplemente se tiñen de su color; a veces sucumben a ellos y los convierten en parte de sí mismos».

Esto es justo lo contrario de lo que deberían hacer. El legislador debería ser para el pueblo lo que la conciencia es para el corazón del individuo. Debería comprender todos los aspectos de sus principales pasiones y no dejarse engañar por subterfugios ni hipocresías. A veces debe atacarlos con valentía, a veces enfrentarlos entre ellos o favorecer uno a expensas de otro que es menos influyente, ahora cediendo terreno, ahora recuperándolo, pero debe ser siempre hábil e imparcial, y no dejarse nunca intimidar ni desviar de su propósito, ni engañar por sus enemigos naturales.

Debe ser, por así decirlo, más concienzudo que la propia conciencia, porque no debe olvidar jamás que tendrá que obedecer mañana la ley que hace hoy —*semel jussit semper paruit*.[13] Debe, por tanto, ser absolutamente imparcial, algo muy difícil para él, pero que para la conciencia no requiere ningún esfuerzo.

No sólo debe estar exento de pasión, sino que debe haberse entrenado para ser impermeable a la pasión, lo que va mucho más allá. Debemos concebirlo como una conciencia que ha surgido de las cenizas de la pasión.

Como decía Rousseau, «para descubrir al dirigente perfecto para la sociedad humana, debemos encontrar una inteligencia superior que haya visto todas las pasiones del hombre, pero que no haya experimentado ninguna de ellas, que no haya tenido ningún tipo de relación con nuestra naturaleza pero que la conozca en profundidad, cuya felicidad no dependa de nosotros, pero que desee promover nuestro bienestar; en una palabra, alguien que tenga como objetivo un renombre distante, en un futuro remoto, y que se dé por satisfecho con trabajar en un siglo y disfrutar en otro».

---

[13] Literalmente «Una sola vez ordenó, siempre obedece», conocida cita estoica que proviene del *De Providentia*, de Séneca, y que aparece también recogida como *semel iussit, semper paret*.

Por eso los ingeniosos griegos idearon que algunos legisladores marchasen al exilio a algún refugio remoto y desconocido, tan pronto como hubiesen hecho al pueblo adoptar y jurar obediencia a sus leyes hasta su regreso. Puede que fuese para vincular a los ciudadanos a su juramento, pero ¿no es igualmente probable que quisieran escapar de las leyes que ellos mismos habían hecho? ¿No es posible que creyesen que, a la hora de hacer las leyes, tendrían mayor libertad para hacerlas más estrictas si contaban con la posibilidad de evitar que les fuesen aplicadas a ellos mismos?

Proudhon dijo: «Sueño con una república tan liberal que en ella me guillotinasen por reaccionario». Puede que Licurgo se pareciese a Proudhon, pues fundó una república tan severa que sabía que no podría vivir sometido a ella, y decidió abandonarla tan pronto como fue instituida. Solón y Sila permanecieron en los Estados a los que habían dado leyes; debemos por tanto situarlos por encima de Licurgo, que quizá tiene la disculpa para sí mismo de, con toda probabilidad, no haber existido en absoluto.

Pero la leyenda sigue mostrando que el legislador debería ser tan superior a sus propias pasiones y a las pasiones de su pueblo que, como legislador, hiciera leyes antes las cuales, como hombre, él mismo temblase.

Esta moderación, en el sentido en que empleamos el término, ha llevado a veces al legislador a sugerir o insinuar las leyes en lugar de imponerlas. Aunque esto no es siempre posible, sí es así de vez en cuando. Montesquieu nos dice lo siguiente sobre San Luis: «A la vista de los múltiples abusos de la justicia en su época, procuró hacer que fuesen impopulares. Redactó multitud de regulaciones para los tribunales en su propio dominio y en los de sus barones, y tuvo tanto éxito que poco tiempo después de su muerte sus métodos fueron adoptados en los tribunales por muchos de sus nobles. De modo que este príncipe logró su objetivo, aunque sus regulaciones se promulgaron no como una ley general para todo el reino, sino simplemente como un ejemplo que cualquiera podía seguir en su propio interés. Se deshizo de un mal evidenciando que había un modo mejor. Cuando los hombres vieron en sus tribunales y en los de sus señores formas de proceder más conformes con la religión y la moralidad, más razonables y naturales, más favorables a la tranquilidad pública y a la seguridad de personas y bienes, adoptaron lo esencial y abandonaron lo superfluo. Sugerir cuando no se puede obligar, guiar cuando no se puede exigir, esa es la habilidad suprema».

Montesquieu agrega con cierto optimismo, aunque sin duda la idea es alentadora: «La razón tiene un imperio natural; nos resistimos a ella, pero triunfa sobre nuestra resistencia; persistimos en el error durante algún tiempo, pero siempre tenemos que volver a ella».

El ejemplo citado es muy remoto y apenas puede aplicarse a nada en nuestros días. Pero consideremos, por ejemplo, la ley que obliga a descansar en domingo, que ha sido recuperada del derecho eclesiástico. Fue un error incluirla en el Código porque es antagónica a muchas costumbres francesas y, en muchos sentidos, al temperamento nacional. El resultado es el que cabía esperar; es decir, que sólo se cumple en raras ocasiones y con infinidad de problemas. Podía haberse hecho objeto de un edicto sin incluirlo en el Código. El Estado podía haber dado el domingo libre a todos sus funcionarios, empleados y trabajadores. Se podía haber dejado claro mediante una simple circular del Ministro de Justicia que no se castigaría por incumplimiento de contrato a ningún trabajador por negarse a trabajar en domingo. La ley de un día semanal de descanso habría existido en ese caso sin haber sido formalmente promulgada, y habría estado limitada precisamente al ámbito que le corresponde, al acuerdo entre los patronos y los hombres que se presentasen a trabajar los domingos cuando considerasen que era necesario e inevitable. Por otra parte, esta ley sería lo bastante fuerte como para modificar, sin destruir, las antiguas costumbres de la nación.

Aquí tenemos otro ejemplo que ocurre dentro de la ley prevista en el Código y en el que el legislador hace uso del método de sugerencia y recomendación. A principios del siglo XIX, el legislador consideraba que lo decoroso para un marido que sorprendiese a su esposa en adulterio era matarla a ella y a su cómplice. El espíritu es quizá cuestionable, pero, en todo caso, era corriente. ¿Contaba con sanción legal? No, evidentemente no. Se insertaba en la ley como insinuación, como recomendación discreta y afectuoso estímulo. El legislador había escrito las siguientes palabras: «En caso de flagrante delito, el asesinato es excusable». No estoy dando por bueno el texto, sino simplemente el método que consiste en indicar en lugar de someter a la ley, algo que considero posible, ya que como vemos hay ejemplos de ello, y que para otros casos distintos del mencionado yo consideraría excelente.

Por último, una de las cualidades esenciales del legislador es mostrar discreción al cambiar las leyes existentes, y para ello debería ser inmune a las pasiones de los hombres, o en todo caso completo dueño de aquellas que le asedian. Y ello porque la ley no tiene autoridad real a menos que sea antigua. Cuando una ley es simplemente una costumbre que se ha convertido en ley se ve investida desde el principio de una considerable autoridad, porque se beneficia de la antigüedad de la costumbre de la que sale. Cuando, por el contrario, una ley no es una vieja costumbre sino que va en contra de la costumbre, entonces, antes de que pueda tener ninguna autoridad, debe envejecer y convertirse ella misma en una costumbre.

En ambos casos, de lo que va a depender su fuerza de autoridad sobre los hombres es de la antigüedad de la ley. La ley es como un árbol: al principio es un tierno retoño, luego crece, su corteza se endurece, y sus raíces profundizan en el suelo y se aferran a las rocas.

Deberíamos tenerlo muy en cuenta antes de aventurarnos a sustituir un árbol del bosque por un pimpollo joven. «La mayor parte de los legisladores —dijo Usbek a Rhedi—[14] han sido hombres de aptitudes limitadas, que debían su posición a un golpe de fortuna y que no atendían a nada salvo sus propios caprichos y prejuicios. A menudo han abolido leyes establecidas sin necesidad alguna y sumido a las naciones en el caos que es inseparable del cambio. Es cierto que, debido a algún extraño azar cuyo origen es antes la naturaleza que la inteligencia de la humanidad, resulta a veces necesario modificar las leyes, pero muy rara vez se da el caso y, cuando se da, debe manejarse con mucho tiento. Cuando se trata de cambiar la ley, debe observarse mucha ceremonia y deben tomarse muchas precauciones para que el pueblo comprenda de manera natural que las leyes son algo sagrado, y que deben darse muchos trámites antes de cualquier intento por modificarlas».

---

[14] Personajes de *Cartas Persas*, de Montesquieu, Carta CXXIX. *[Ed. Ing.]*

En este pasaje, como tan a menudo en otras partes, Montesquieu es bastante aristotélico, pues Aristóteles escribió: «Es evidente que a veces hay que cambiar ciertas leyes, pero ello exige gran cautela porque, cuando hay poco margen para la mejora, en la medida en que es peligroso que los ciudadanos se acostumbren a que resulte fácil cambiar la ley, es preferible dejar algunos errores en nuestra estructura magisterial y legislativa que acostumbrar al pueblo al cambio constante. La ventaja de cambiar las leyes será menor que el riesgo que corremos de contraer el hábito de desobedecer la ley». Y ello porque, si consideramos la ley efímera, inestable y siempre a punto de ser cambiada, podemos estar seguros de que será desobedecida.

Cierto conocimiento de las leyes de las naciones más importantes, un profundo conocimiento del temperamento, carácter, sentimientos, pasiones, opiniones, prejuicios y costumbres de la nación a que pertenece, un corazón y una mente moderados, juicio, imparcialidad, serenidad, diría que incluso algo de impasibilidad, estos son los atributos del legislador ideal. O más bien son las cualidades necesarias para cualquier hombre que se proponga hacer una buena ley; son, de hecho, los atributos elementales del legislador.

Sin embargo, ya hemos visto que la cualidad que busca la democracia en un legislador y que, por así decirlo, le exige es justo la contraria. Selecciona a hombres incompetentes e ignorantes casi sin excepción, y ya he explicado por qué; sus candidatos son de una incompetencia doblemente destilada para que sus pasiones neutralicen su aptitud, si es que poseían alguna.

Además, debemos fijarnos en un hecho curioso. Hasta tal punto escoge la democracia a sus legisladores por su sometimiento a la pasión, y no a pesar de él, y los elige de hecho precisamente por las razones por las que debería rechazarlos, que cualquier hombre capaz de moderación, de ecuanimidad, con lucidez para distinguir entre lo real y lo posible, realista y con espíritu práctico, para resultar elegido y poner en práctica todas esas virtudes, debe empezar por disimularlas y hacer ostentoso despliegue de los defectos opuestos. Si quiere que le nombren para un cargo en el que su tarea consistiría en defender y garantizar la seguridad pública, tiene que comenzar estando a favor de la guerra civil: para convertirse en un pacificador, primero debería hacerse pasar por un sedicioso.

Cada favorito del pueblo atraviesa estas dos fases, y debe completar una etapa antes de comenzar la siguiente. ¿No sería mejor, dirán ustedes, que la defensa de la ley y el orden fuese el punto de partida, y no el de destino, de la carrera del legislador? En absoluto, porque uno no puede ejercer influencia alguna como amigo de la ley y el orden a menos que haya comenzado su carrera como anarquista.

El pueblo está tan acostumbrado a estos cambios de opinión que no le despiertan más que una leve sonrisa. Tienen, sin embargo, este inconveniente: que el amigo de la ley y el orden con un pasado sedicioso nunca tiene una autoridad indiscutible, y emplea la mitad de su tiempo explicando las razones de su cambio de parecer, lo que supone todo un obstáculo para su posterior carrera.

El pueblo siempre elige a hombres que estén bajo el influjo de una pasión real o simulada. Estos legisladores, o bien permanecerán siempre en un estado de excitación frenética, y así ocurre con la gran mayoría, o bien se convertirán en hombres moderados y quedarán por ello gravemente descalificados y desgastados, como ya hemos mostrado, para su nueva carrera. La gran mayoría de estos sentimentalismos, en lugar de recibir un tratamiento a base de deliberación, juicio y sabiduría, irrumpen en la legislación. Los cánones de buen gobierno, como hemos expuesto, se subvierten por completo. La ley no controla ni refrena las pasiones de la plebe. La legislación se convierte en poco más que una expresión de su frenesí, una serie de medidas partidistas de una facción contra la otra. La presentación de un proyecto de ley es una batalla; la aprobación de una ley es una victoria; definiciones que suponen al mismo tiempo la maldición del legislador y la perversión del sistema.

CAPÍTULO V

LAS LEYES EN DEMOCRACIA

La veracidad de mis afirmaciones la demuestra el hecho de que, hoy en día, todas nuestras leyes son leyes de emergencia, algo que ninguna ley debería ser jamás. Montesquieu aconsejaba al pueblo que fuese muy cauto y pensara dos veces antes de destruir las antiguas leyes o derribar una casa vieja para montar una tienda de campaña, pero su consejo es completamente ignorado. Se hacen nuevas leyes por cada cambio meteorológico, por cada pequeño incidente diario en política. Nos estamos acostumbrando a esta legislación a salto de mata. Como el guerrero bárbaro del que habla Demóstenes, que siempre protegía la parte de su cuerpo que acababa de recibir un golpe, subiendo su escudo hasta el hombro cuando le golpeaban el hombro y bajándolo de nuevo hasta el muslo cuando le golpeaban el muslo, la facción dominante sólo hace leyes para protegerse contra un adversario que tiene, o que cree que tiene, o introduce una reforma apresurada y mal digerida bajo la presión de un escándalo real o supuesto.

Si un «aspirante a tirano», como solía decirse en Atenas, es nombrado diputado en muchas circunscripciones, inmediatamente se aprueba una ley que prohíbe las candidaturas múltiples. Por la misma razón, por miedo al mismo hombre, se sustituye a toda prisa el *scrutin de liste* por el *scrutin d'arrondissement*.[15]

---

[15] Ver *Francia*, de J. E. C. Bodley, 1899, pp. 334, 335. Bajo el *Scrutin de liste* «el departamento es la unidad electoral, cada uno con su dotación de diputados asignados en proporción a su población, y

Si se sospecha que se ha tratado mal durante un reconocimiento a una mujer acusada, si el interrogatorio del presidente del tribunal se ha conducido con demasiada brusquedad, o si el fiscal resulta inepto al presentar los cargos, al instante se lleva a cabo una reforma radical de todo el procedimiento penal.

Lo mismo ocurre con todo lo demás. Las sesiones legislativas acaban recogiendo únicamente «las últimas novedades» de la temporada, como una revista de moda. O quizá sería mejor decir un periódico. Primero está la '*interpellation*'[16] al menos una vez al día; eso equivale al artículo principal. Luego están las preguntas para los ministros sobre esta, aquella y la de más allá ocurrencias triviales; esto equivale a la historia por entregas o el folletín. Luego está un proyecto de ley propiciado por algo que ocurrió la noche anterior, que es el artículo de fondo. A continuación algún diputado asalta a su vecino, y esta es la gacetilla.

No existe una representación más fiel del país. Todo lo que sucede por la mañana se comenta por la noche como si estuviesen en la taberna del pueblo. La cámara legislativa es un reflejo exagerado del público chismoso. Ahora bien, no debería ser un reflejo del país, sino su alma y su cerebro. Pero cuando, como hemos dicho, una asamblea representativa nacional representa únicamente las pasiones de la plebe, no puede ser nada más que eso.

En otras palabras: la democracia moderna no se rige por leyes sino por decretos, pues las leyes circunstanciales no son mejores que los decretos. Una ley es una regulación ancestral, consagrada por el uso prolongado, que los hombres obedecen sin pararse a pensar si es una ley o una costumbre, y que forma parte de un entramado de prescripciones coherente, armonioso y lógico. Una ley inspirada por una circunstancia no es más que un decreto. Esta es una de las cosas que Aristóteles vio mejor que nadie. Comenta a menudo la esencial y fundamental distinción entre los dos, y

---

cada elector con un número de votos igual al número de escaños adscrito a su departamento, aunque sin posibilidad de acumularlos». *Scrutin d'arrondissement* es la elección por circunscripciones uninominales. La unidad electoral es el distrito (*arrondissement*). *[Ed. Ing.]*

[16] Una pregunta de un diputado a un ministro. «El efecto... es algo similar a una moción para levantar la sesión en el Parlamento Inglés.» Bodley, P – 445. *[Ed. Ing.]*

explica los motivos por los que resulta tan peligroso malinterpretarla como ignorarla. Cito el pasaje en el que describe esta diferencia con mayor precisión y contundencia: «Una quinta forma de democracia es aquella en que no es la ley sino la masa la que tiene el poder supremo, y sustituye la ley por decretos. Esta situación viene provocada por los demagogos. En las democracias que están sujetas a la ley, los mejores ciudadanos mantienen una posición preeminente y no hay demagogos; pero, allí donde no predominan las leyes, se multiplican los demagogos. El pueblo se convierte en el monarca y es muchos en uno; y los muchos tienen el poder en sus manos, no como individuos sino como colectivo, y el pueblo, que ahora es un monarca y se ha liberado del yugo de la ley, pretende reinar como monarca y convertirse en déspota; se colma de honores al adulador; este tipo de democracia es respecto a otras democracias lo que la tiranía es a otras formas de monarquía.

El espíritu de ambas es el mismo, y las dos ejercen un poder despótico sobre los hombres de bien. Los decretos de Demos corresponden a los edictos del tirano, y el demagogo es para uno lo que el adulador es para el otro. Ambos tienen un gran poder: el adulador con el tirano, el demagogo con las democracias del tipo que estamos describiendo. Los demagogos hacen que los decretos del pueblo se antepongan a las leyes, y remiten todos los asuntos a la asamblea popular. Y así prosperan, porque el pueblo tiene todas las cosas en sus manos y ellos tienen en las suyas los votos del pueblo, que está exageradamente predispuesto a escucharlos. Se puede objetar con bastante justicia que un régimen semejante es una democracia pero no una república, pues allí donde las leyes no tienen autoridad no existe república alguna. De hecho, en una república la autoridad de la ley debe predominar sobre todas las cosas. De modo que, si debemos considerar la democracia como una forma real de gobierno, un tipo de régimen como el descrito, en el que todas las cosas se regulan por decreto, es evidente que no es una democracia en el sentido estricto de la palabra, pues un decreto no puede adoptar jamás una forma general, como la ley».

Esta distinción entre la verdadera ley, es decir, la ley venerable, hecha para durar, que forma parte de un plan coordinado de legislación, y una ley circunstancial que no es más que un decreto equivalente a la veleidad de un tirano, supone toda la diferencia, si pudiéramos darnos cuenta de ella, entre los sociólogos de la antigüedad y los de hoy. Por el término «ley», los antiguos y los modernos sociólogos se refieren a dos cosas diferentes, y esta es la razón de tanto contrasentido. Cuando habla de la ley, el sociólogo moderno se refiere a la expresión de la voluntad general en tal y tal fecha, 1910 por ejemplo. Para el sociólogo antiguo, la expresión de la voluntad general en el segundo año de la LXXIII Olimpiada, por ejemplo, no es en absoluto una ley, sino un decreto. Una ley para él sería un párrafo de la legislación de Solón, Licurgo o Carondas. Cada vez que en un tratado político griego o romano nos encontramos con la expresión: «un Estado regido por leyes», la única forma de traducirlo es «un Estado regido por una legislación muy antigua e inmutable». Esto da el verdadero significado de la famosa personificación de las leyes en el Fedón, que tendría muy poco sentido si los griegos hubieran entendido por ese término lo mismo que nosotros. ¿Son las leyes la expresión de la voluntad general del pueblo? Y si es así, ¿por qué debería Sócrates haberlas respetado, él que despreciaba al pueblo hasta el mismo día en que fue condenado? Sería absurdo. Esas leyes que Sócrates respetó no eran los decretos del pueblo contemporáneo de Sócrates; eran las leyes de los antiguos dioses de la ciudad, que la habían protegido desde sus inicios.

Puede que estas leyes errasen al parecer que sancionaban el veredicto que condenó a Sócrates a muerte, pero eran honorables, venerables e inviolables porque habían sido las guardianas de la ciudad desde hacía siglos, y guardianas del propio Sócrates hasta el día en que se hizo un mal uso de ellas en su contra.

Una «república», por tanto, por adoptar la terminología de Aristóteles, es una nación que obedece leyes, es decir, leyes forjadas por sus antepasados.

Se trata, pues, de una aristocracia, pues no se trata de obedecer a quienes representan la tradición de nuestros antepasados, esto es, a los nobles, sino de obedecer a nuestros propios antepasados, a su pensamiento recogido en la legislación hace cinco siglos. Ello resulta mucho más aristocrático que obedecer a los aristócratas. Y ello porque los aristócratas de hoy son tradicionales sólo en parte, pues están a medio camino entre la tradición y el presente en el que viven, mientras que una ley del siglo XV pertenece al siglo XV y a ningún otro período. Obedecer la ley como la entendían los antiguos sociólogos no significa obedecer a Escipión, al que acabamos de cruzarnos en la Vía Sacra. ¡Significa obedecer al bisabuelo de su abuelo! Todo esto es absolutamente aristocrático.

¡Precisamente! La ley es aristocrática; y no hay nada más democrático que la ley circunstancial, es decir, el decreto. Por eso Montesquieu habla siempre de la monarquía como un sistema limitado y restringido, aunque también sustentado, por la ley. ¿Qué significaba eso en su época, en la que no existía ninguna «expresión de la voluntad general» que limitase a la monarquía, y en la que la realeza poseía el poder legislativo y podía hacer y rehacer las leyes a placer? Sólo podía significar una cosa, a saber, que la concepción de la ley de Montesquieu era la misma que la de los antiguos sociólogos, una ley mucho más antigua que su época. Las «leyes fundamentales», como él las llama, de la antigua monarquía, que todavía rigen y deben regir al monarca, cuyo reinado sin ellas sería un despotismo o una anarquía. La ley es esencialmente aristocrática. Es ella la que ordena que los gobernantes gobiernen al pueblo, y que los muertos gobiernen a los gobernantes.

La esencia misma de la aristocracia es el gobierno de los que han vivido sobre los que viven en beneficio de aquellos que vivirán después. La aristocracia propiamente dicha es una aristocracia de carne y hueso. La ley es una aristocracia espiritual. La aristocracia que encarnan los aristócratas de hoy sólo representa a los muertos por tradición, por legado, por educación, por herencia fisiológica de su temperamento y de sus rasgos. La ley no representa a los muertos, sino que *es* esos muertos: es su propio pensamiento perpetuado en inmutable escritura.

La nación que es aristocrática tanto en forma como en espíritu conserva su vieja aristocracia y mantiene su vitalidad mediante cautelosas incorporaciones de hombres nuevos. Aún más aristocrática es la nación que mantiene su antigua legislación inmaculada, añadiendo a ella, con reverencia y discreción, nuevas leyes que combinen algo del espíritu moderno con el espíritu de las antiguas. *Homines novi, novae res. Homo novus* significa el hombre sin antepasados que debido a su mérito es digno de ser añadido a las filas de los nobles por nacimiento. *Novae res* son cosas sin antecedentes, es decir, la revolución en sí. *Novae res* sólo deberían introducirse en las cosas antiguas de forma parcial y gradual, discreta y progresivamente, como los «hombres nuevos» en la comunidad de la antigua nobleza. La ley es más aristocrática que la propia aristocracia, y de ahí que la democracia sea el enemigo natural de las leyes y sólo pueda tolerar decretos.

Nuestro examen de la democracia moderna nos ha llevado a las siguientes conclusiones: —La representación del país está reservada a los incompetentes y también a aquellos que se dejan llevar por la pasión, que son doblemente incompetentes. —Los representantes del pueblo quieren hacerlo todo ellos mismos. —Lo hacen todo mal e infectan al gobierno y a la administración con su pasión e incompetencia.

CAPÍTULO VI

LA INCOMPETENCIA DEL GOBIERNO

Esto no es todo. La ley de la incompetencia se extiende aún más, ya sea por algún proceso de necesidad lógica o por una especie de contagio. El hecho de que sea rarísimo que cualquier cargo importante se entregue a un hombre que sea competente para el puesto ha sido a menudo objeto de mofa, pues, como toda tragedia, al considerarla con humor el asunto tiene su lado cómico. El Ministerio de Educación suele entregarse a un abogado; el Ministerio de Comercio, a un hombre de letras; el Ministerio de Guerra, a un médico; el Ministerio de Marina, a un periodista. El epigrama de Beaumarchais: «Hacía falta un matemático; el puesto lo obtuvo un bailarín» se ajusta mucho mejor a una democracia que a una monarquía absoluta.

Es tan amplio el reconocimiento de este asunto que tiene una especie de efecto retroactivo sobre las ideas históricas de las masas. Tres de cada cuatro franceses están convencidos de que Carnot fue un civil, y esta afirmación ha aparecido a menudo en prensa. ¿Por qué? Porque es inconcebible que en una democracia el ministro de Guerra pudiera ser un soldado, o que los miembros de la Convención pudiesen haber entregado el Ministerio de Guerra a un soldado. Algo así parece demasiado paradójico para ser verdad.

Este extraordinario método de nombrar ministros a hombres incompetentes parece, a primera vista, un simple juego, una mera coquetería espiritual y refinada de la diosa Incompetencia. En parte es así, pero no del todo. El hombre cuya responsabilidad consiste en nombrar a los ministros tiene que repartir una fracción del poder del gabinete entre los distintos grupos de la mayoría que lo sostiene. Dado que ninguno de estos grupos cuenta con especialistas, los cargos más importantes se despachan conforme a criterios políticos, y no sobre la base de la aptitud profesional. Ya he mostrado cuál es el resultado; el único nombramiento ministerial que se lleva a cabo de manera racional es el que se reserva el Presidente del Consejo para sí mismo, e incluso en este caso, para congraciarse con algún personaje político importante, muy a menudo lo cede y asume un cargo para el que no está tan bien preparado.

Veamos lo que sucede a continuación: cada departamento está dirigido por un hombre incompetente que, si es concienzudo, se dedica a aprender la tarea en la que debería ser un absoluto experto, o, si no lo es y el tiempo apremia, como siempre lo hace, dirige su departamento atendiendo a sus ideas políticas generales y no al sentido común práctico. En cualquier caso, la incompetencia resulta redoblada.

Conocemos el tipo de discurso que ofrece un nuevo ministro de Agricultura a su personal. Él les arenga con los principios de la Revolución de 1789.

Por otra parte, en un país muy centralizado, el ministro, dentro de su departamento, se ocupa de todo. Es cierto que tiene que hacerlo todo bajo la presión de los representantes nacionales; pero sigue siendo la máxima autoridad a la hora de decidir. Es fácil ver qué tipo de decisiones tomará. Se trata a menudo de decisiones con escasa base legal, e incluso a veces contrarias a la ley, y que luego permanecen como papel mojado desde el principio. Las circulares ministeriales tienen a menudo un notable carácter de ilegalidad. En ese caso pierden vigor y se olvidan, pero no siempre antes de haber introducido una gran cantidad de problemas a lo largo de toda la administración.

En cuanto a los nombramientos, se hacen, como he dicho, por influencia política, e incluso cuando son manifiestamente inadecuados y corruptos, no hay posibilidad alguna de que se corrijan gracias a la aptitud de un ministro que, con puntos de vista ilustrados sobre las funciones y los subalternos de su oficina, sea capaz de plantarse y decir: «¡No vayamos tan lejos! Debemos trazar la línea en alguna parte».

CAPÍTULO VII
INCOMPETENCIA JUDICIAL

Aquí encontramos la incompetencia extendiendo su influencia por la lógica necesidad del caso. Hay otros lugares en los que crece debido a una especie de contagio. ¿Se han percatado alguna vez de que el antiguo régimen, a pesar de sus graves deficiencias, debido a una especie de tradición histórica, mantenía un cierto respeto por las diferentes formas de aptitud? En materia de jurisdicción, por ejemplo, había tribunales señoriales, eclesiásticos y militares. La composición de estos tribunales no era el resultado de una argumentada y profunda consideración, sino del curso natural de los acontecimientos, de la propia historia, y se mantuvieron y fueron aprobados por una monarquía que rayaba en el despotismo.

La jurisdicción señorial, sin mucha justificación racional, resultó no obstante de gran utilidad; vinculaba, o tenía la capacidad de vincular, al noble a su tierra, le impedía perder de vista a sus vasallos, y a sus vasallos perderlo de vista a él, y suponía en la práctica una influencia conservadora en la constitución aristocrática del reino. Considero que si esta jurisdicción se hubiese regulado, delimitado y definido conforme a un código, algo que nunca llegó a hacerse, habría estado en consonancia con la ley de competencia. Existen diversos asuntos locales que en propiedad corresponden al ámbito provincial del noble, que en aquella época ocupaba el lugar de nuestro actual juez de paz. Todo lo que se requería era que dichos asuntos se definiesen con precisión y que se permitiese la apelación en todos los casos.

La jurisdicción eclesiástica era perfectamente razonable, ya que los delitos cometidos por los eclesiásticos tienen un carácter especial que sólo los jueces eclesiásticos pueden valorar correctamente. Esto parece extraño desde una mentalidad moderna, aunque hoy en día hay tribunales comerciales y tribunales laborales, porque los litigios entre hombres de negocios, entre hombres y mujeres trabajadores y entre empleadores y empleados sólo pueden resolverlos hombres que tengan conocimiento técnico del asunto en disputa. Por otra parte, la apelación ante un tribunal superior está permitida en todos los casos. Por último, en los viejos tiempos solía existir la jurisdicción militar precisamente por la misma razón.

Todas estas jurisdicciones excepcionales suscitan en democracia el máximo recelo porque infringen la regla de uniformidad, que es la imagen y a menudo la caricatura de la igualdad, y también porque son un reducto de aptitud.

La democracia demolió, como es lógico, los tribunales aristocráticos junto con la propia aristocracia, y los tribunales eclesiásticos junto con la Iglesia, que se consideraba un órgano del Estado. Cualquier jurisdicción especial que permanece es vista como un instrumento de la aristocracia; los consejos de guerra resultan odiosos porque tienen sus propias ideas respecto al honor, al deber y a la culpabilidad militares. En ellas radica precisamente su aptitud, algo absolutamente necesario si queremos mantener el espíritu militar y la disciplina en un ejército fuerte. El soldado raso o el oficial al que sólo se juzgue y se castigue como civil no será bien juzgado ni castigado adecuadamente, teniendo en cuenta las especiales responsabilidades y servicios que se exigen al Ejército. Se trata de una cuestión de aptitud, tanto técnica como moral, a la que la democracia no presta ninguna atención porque está convencida de que no es necesaria ninguna aptitud especial y de que basta con tener sentido común. El sentido común, no obstante, es como el ingenio; sirve para todo pero no es suficiente para nada. Esto es justo lo que la democracia no puede o no quiere entender.

Comete un error igual de grave en su jurisdicción civil y penal, aunque hasta el momento se ha apartado tanto de sus principios como para nombrar a juristas cualificados para los juzgados civiles. Nadie niega que este cuerpo de hombres sea competente.

Quienes actúan como jueces conocen la ley. Por otra parte, como a menudo he tenido ocasión de señalar, existe una aptitud técnica y también una aptitud moral, y, al limitar la independencia que es esencial para la aptitud moral, la democracia neutraliza asimismo la aptitud técnica de sus empleados. Permítanme que me explique mejor.

Anteriormente, la magistratura era una rama autónoma y reconocida del servicio público y, debido a ello, salvo que se viese afectada por una revolución o en tiempos normales a causa del temor a una revolución, disfrutaba de una independencia absoluta. Esto le otorgaba, o más bien conservaba intacta, su aptitud moral, pues la aptitud moral consiste en la capacidad de actuar según los dictados de la conciencia, y es equivalente a una especie de independencia moral.

Ahora, los magistrados son un departamento de la administración y forman un cuerpo de funcionarios. El Estado los nombra, los promociona o se niega a promocionarlos, y les paga. En resumen, el Estado los tiene a su merced, del mismo modo que el Ministerio de Guerra controla a los oficiales del Ejército, o el Tesoro a los recaudadores de impuestos. De este modo se les priva de su independencia y de su aptitud moral, porque siempre están tentados a juzgar como desea el gobierno.

Existe, es cierto, una garantía de su independencia en la inamovilidad de sus puestos, pero esto sólo se aplica a quienes han alcanzado la cumbre de su profesión o están a punto de retirarse, o a quienes ya no tienen interés en promocionar. El joven magistrado que quiere progresar, una ambición perfectamente legítima, no es en modo alguno independiente porque, si no se pliega, puede disfrutar de una forma peculiar de inamovilidad: la permanencia eterna en el puesto en el que empezó. Los únicos jueces independientes para quienes la justicia es el único interés son aquellos que han servido durante cuarenta años, además del presidente de la Corte de Casación. Podría añadir también al hombre que cuenta con medios independientes, que es indiferente a la promoción y que se conforma con pasar toda su vida en el puesto para el que fue nombrado en primer lugar. Se trata de un magistrado muy parecido a los magistrados del antiguo régimen, una figura extremadamente rara y cada vez más aislada entre nosotros.

Además, en el mejor de los casos, esta inamovilidad sobre la que tanto se reflexiona es una garantía ilusoria, pues a menudo es suspendida por uno u otro gobierno, y los magistrados están constantemente a merced de las crisis políticas, igual que lo estaban los del antiguo régimen por la amenaza constante de golpes de Estado. Su aptitud moral está de hecho muy restringida.

Y lo que yo afirmo es que esta disminución de la aptitud moral neutraliza la aptitud técnica, porque los magistrados no se atreven a insistir en la precisión técnica cuando surgen litigios entre el Estado y los individuos, o entre quienes cuentan con la protección gubernamental y los que no. Aunque los casos en los que el Estado es parte no se dan muy a menudo, aquellos en los que se ven envueltos amigos del gobierno son de ocurrencia diaria en un país donde el gobierno es una facción en permanente pugna contra otras facciones.

Se ha dicho con mucha razón que el gobierno parlamentario basado en el sufragio universal es una guerra civil legalizada y continua. Por lo general es una guerra civil sin derramamiento de sangre, pero es una guerra permanente entre partidos que se hace mediante insultos, calumnias, provocaciones, ataques personales y difamaciones. Esto ocupa el año entero, de principio a fin. En un país donde semejante estado de cosas es endémico, la magistratura debería ser absolutamente independiente para poder ser imparcial. Sin embargo, es precisamente en un país como este en el que la magistratura, puesto que no es independiente ni autónoma, está obligada a evitar ofender al partido en el gobierno, que, además, es extremadamente exigente, pues vive instalado en el temor constante de ser desalojado del poder.

—No hay nada que hacer al respecto. ¿Aboga usted por una vuelta a la venalidad de los nombramientos judiciales?[17] —podría preguntar alguno.

—En primer lugar, esto no sería algo tan terrible —respondo yo—, y, en segundo lugar, sería bastante posible asegurar todas las ventajas de la venalidad sin la venalidad misma.

Puedo demostrarles que no es tan terrible, pues el caso es

---

[17] Sistema de adjudicación de cargos a cambio de un precio tasado que estaba en vigor, entre otros, en el Antiguo Régimen francés.

similar al de las jurisdicciones excepcionales, cuya mención les llena de horror hasta que se les recuerdan los tribunales comerciales y los tribunales laborales, que son tribunales de excepción y son excelentes. Nos horroriza la idea de un magistrado comprando su cargo, y sin embargo empleamos agentes judiciales, abogados y notarios y les confiamos nuestros más preciosos intereses, aunque muchos de ellos hayan comprado o heredado su profesión. Introduciendo un sistema venal para los cargos de la judicatura, nos juzgarían abogados a los que exigiríamos conocimientos jurídicos más extensos de los que en la actualidad se exigen a la profesión. De hecho, nos juzgarían notarios y abogados de mayor nivel. No tiene nada de abominable.

Montesquieu estaba a favor de la venalidad de los cargos. Voltaire se oponía con fuerza a ella. Ambos estaban en lo cierto y, de hecho, estaban de acuerdo en los principios generales. Montesquieu dice: «La venalidad es algo positivo bajo una forma monárquica de gobierno, pues permite que se lleven a cabo como negocio familiar trabajos que no se harían por mera virtud cívica, delimita para cada uno la labor que le corresponde y otorga mayor permanencia a las órdenes del Estado. Suidas dice muy con mucho acierto de Anastasio que transformó el Imperio en una especie de aristocracia mediante la venta de todas las magistraturas».

Voltaire responde: «¿Es por virtud cívica que un juez acepta en Inglaterra su nombramiento para un puesto en los tribunales del rey?(O se hace por virtud cívica o por beneficio e interés, y, si no es por el beneficio, exige sin duda una considerable virtud cívica). ¿Cómo? ¿Es que no podemos encontrar hombres en Francia dispuestos a juzgar si les ofrecemos el nombramiento de forma gratuita? (Sin duda podríamos, pero ¡es probable que estuviesen demasiado agradecidos!) ¿Puede convertirse la tarea de administrar justicia, que dispone de las vidas y las fortunas de los hombres, en un negocio familiar? (Bueno, el negocio de llevar armas y disponer de las vidas y las fortunas de los hombres durante la guerra civil era en 1760 un negocio familiar, y lo mismo ocurría con el negocio de ser rey, ¡y no le vi a usted indignarse con la realeza!) Es una lástima que Montesquieu deshonrase su trabajo con tales paradojas, pero debemos perdonarle: su tío compró el cargo de magistrado provincial y se lo dejó a él. La naturaleza humana hace su aparición en todas partes. Ninguno de nosotros está libre de debilidad».

Montesquieu opina que los cuerpos aristocráticos son algo positivo. Voltaire está a favor del poder absoluto. Montesquieu prefería que la judicatura fuese una profesión familiar, es decir, tradicional como la profesión militar; ello convertiría el orden judicial en algo permanente, como los demás órdenes, y demuestra, igual que Suidas, que el sistema venal crea una aristocracia. Voltaire, al igual que Napoleón, quería que sus soldados, sus sacerdotes y sus jueces fuesen hombres del rey. Todos ellos debían pertenecer al rey en cuerpo y alma.

Montesquieu encuentra mayor antagonismo que el de Voltaire en Platón. Platón escribió en su *República*, refiriéndose en general a todas las magistraturas: «Es como si a bordo de una nave se hiciera piloto a un hombre debido a su riqueza. ¿Es posible que semejante regla sea mala para todas las demás responsabilidades y buena exclusivamente para el gobierno de una república?»

Montesquieu contesta a Platón (y anticipándose a Voltaire) con mucho ingenio: «Platón se refiere a una república virtuosa, y yo a una monarquía. Bajo una monarquía, si los cargos no se vendiesen por sistema, la pobreza y la codicia de los cortesanos los vendería igualmente, y, en todo caso, el azar dará mejores resultados que la decisión de un príncipe».

En suma, Montesquieu quiere que la magistratura sea un cuerpo independiente y aristocrático hereditario en parte y en parte reclutado de entre las clases acomodadas, análogo al ejército o al clero, que administre justicia con la aptitud técnica que puedan garantizar los estándares de la universidad, y cuya aptitud moral se base en la independencia, la dignidad, el espíritu corporativo y la imparcialidad.

Dije antes que la venalidad no era necesaria para obtener estos resultados ni para establecer estas garantías. El principio es el siguiente: la magistratura debe ser independiente, y para que sea independiente debe contar con un derecho de propiedad sobre sus funciones. Esto sólo puede lograrse si al cargo se accede por herencia o compra, tal y como ocurría bajo el antiguo régimen; o si los magistrados dejan de ser nombrados por el gobierno. El plan de compra o herencia no es popular, de modo que la única alternativa es que los magistrados sean elegidos por alguien que no sea el gobierno. ¿Por quién entonces? ¿Por el pueblo? Pero en ese caso los jueces dependerían del pueblo, de los electores.

—Eso sería mejor, o menos malo —podría pensar alguno.

—En absoluto —respondo yo—. Si a los jueces los eligiesen los electores serían aún menos imparciales que si los eligiera el gobierno. En ese caso, el juez no pensaría en nada más que en salir reelegido. Siempre sentenciaría a favor de la parte que le hubiese elegido. ¿Le gustaría ser juzgado ante un tribunal compuesto por los diputados de su departamento? Ciertamente no, si perteneciese usted al partido más débil. Sí en cambio si perteneciese usted a la mayoría, pero en ese caso sólo si estuviese seguro de que su adversario pertenece a la minoría; o, si perteneciese a su propio partido, si estuviese seguro de que se trata de un elector menos influyente que usted mismo. Resumiendo: no hay garantía alguna de imparcialidad si los jueces son elegidos.

Además, si a los jueces los eligieran quienes van a estar sometidos a su jurisdicción, habría una justicia de lo más variopinta y, podría añadir, de lo más entretenida. Los jueces que hubiesen sido elegidos por una mayoría republicana o «azul» y que estuviesen ansiosos por ser reelegidos dictarían siempre sentencia a favor de los azules. Lo mismo ocurriría en los distritos «blancos» o realistas. «La justicia tiene sus épocas», dijo irónicamente Pascal, y en este caso la justicia tendría sus regiones. No sería la misma en los Alpes Marítimos que en Côtes-du-Nord. La Corte de Casación, si intentase ser imparcial, se pasaría el tiempo enviando casos desde una zona azul a una blanca para que los revisara, y enviando las resoluciones dictadas en un distrito blanco a uno azul para que las revisara también. Se produciría una anarquía judicial y legal.

—Si el tribunal no se heredase, ni se comprase, ni fuese elegido por el gobierno, ni tampoco por el pueblo, ¿quién se encargaría de nombrarlo?

—El propio tribunal; no veo ninguna otra solución.

Puedo sugerir como ejemplo un buen método, aunque puede haber varios. Todos los doctores en leyes de Francia podrían elegir a los miembros de la Corte de Casación,[18] y la Corte de Casación podría elegir y promover a todos los jueces. Se trata de un régimen aristocrático-democrático con una base muy amplia.

O también los propios jueces podrían elegir a los miembros de la Corte de Casación, y la Corte de Casación podría nombrar y promocionar a los jueces. Este sería un método oligárquico.

O también, como forma de transición entre el sistema actual y el que debería ser, los doctores en leyes podrían elegir, sólo en este caso y una sola vez, a los magistrados de la Corte de Casación, y luego la Corte de Casación elegiría a los jueces. Luego los jueces podrían ocupar los puestos vacantes en la Corte de Casación, que nombraría y promocionaría a todos los jueces de Francia.

El gobierno continuaría designando a las personas elegibles para servir como magistrados.

En todos estos sistemas, los jueces constituirían un cuerpo autónomo, formado por ellos mismos, dependiente y responsable sólo ante ellos mismos y, por razón de su absoluta independencia, estrictamente imparcial.

—¡Pero eso es una casta!

—En efecto, es una casta. Lo siento, pero es así. Nunca lo juzgarán a usted bien salvo que exista una casta judicial, porque lo que no es casta sólo puede ser el gobierno o el mundo en general, y el gobierno no puede juzgar con garantías mientras sea juez y parte en el caso. Además, si su implicación en el caso es discutible, nunca elegirá quedarse fuera del tribunal. Lo repito: el mundo en general no puede juzgar con garantías porque, en la práctica, el mundo en general significa la mayoría, y la mayoría es un partido, y un partido, por definición, difícilmente puede ser imparcial.

Pero la democracia no quiere ser juzgada por una casta. En primer lugar porque detesta las castas, y en segundo lugar porque no le preocupa la imparcialidad de la justicia. No pongan el grito en el cielo por la paradoja. La democracia quiere ser juzgada con imparcialidad en los pequeños casos cotidianos; pero, en todos los casos importantes en los que se dirime una cuestión política y en los que un miembro de la mayoría se opone a uno de la oposición, el veredicto debe favorecer al más fuerte.

---

[18] Equivalentes a los magistrados del Tribunal Supremo.

La democracia le dice al tribunal lo mismo que un ingenuo diputado le dijo al presidente de la Cámara: «Es su deber proteger a la mayoría».

Por eso la democracia se aferra a su magistratura de funcionarios, que incluye algunos elementos buenos, aunque sus miembros no puedan ser siempre imparciales. Se aferra a esa misma magistratura que, por boca de uno de sus más altos dignatarios, al ser cuestionada acerca de la legalidad de un procedimiento, respondió: «Había razones de Estado»,[19] poniendo así tanto la magistratura como la ley a los pies del gobierno. La misma magistratura que, en otra ocasión y con las mejores intenciones, para poner fin a un litigio interminable, retorció y cambió el sentido de la ley y sentó un mal precedente; por no aplicar la ley correctamente, se expusieron ellos mismos a infinitos y justificables ataques sobre su decisión; no lograron la anhelada solución y, en cambio, dejaron la cuestión abierta a una controversia interminable. Tienen conocimiento, sentido común e inteligencia, pero, dado que su falta de independencia, o en otras palabras su ineptitud moral, neutraliza su aptitud técnica, ni tienen ni pueden tener autoridad.

La democracia inevitablemente irá cada vez más lejos en su recorrido hacia el ideal, que es el gobierno directo. Querrá elegir a los jueces.

Ya los escoge de forma indirecta en tercer grado, pues elige a los diputados que eligen al gobierno que elige a los jueces; y, hasta cierto punto, en segundo grado, porque elige a los diputados que influyen en el nombramiento de los jueces e interfieren en su promoción y sus decisiones, pero esto también es indirecto.

Y, dado que conforme a esta constitución, o más bien a su puesta en práctica, se reconoce el principio de que es el pueblo el que designa en realidad a los jueces a través de sus intermediarios, a la democracia, siempre lógica y prosaica, le gustaría ver el principio aplicado sin disimulo, y que el pueblo hiciese los nombramientos directamente.

---

[19] El original dice *il y avait là le fait du prince*/era el *hecho del príncipe*. El «hecho del príncipe» en derecho civil designa un caso de fuerza mayor que consiste en una prerrogativa del poder público, como por ejemplo en caso de expropiación. Actualmente se diría que hay «razones de interés público» o, en palabras de Maquiavelo, «razones de Estado».

Luego surgen los interminables debates sobre el mejor sistema de votación y elección. Si se adopta el voto unipersonal, el cantón nombrará a su juez de paz, el barrio a su tribunal, la región a su tribunal superior, y el país entero a la Corte de Casación. Este sistema trae consigo el doble inconveniente mencionado anteriormente; es decir, interpretaciones distintas de la justicia según los distritos y nula imparcialidad.

Si por el contrario se adopta la lista electoral, el país entero elegirá a todos los magistrados y estos pertenecerán a la mayoría. En este caso habría uniformidad de justicia, pero seguiría habiendo nula imparcialidad. Cualquier sistema intermedio combinaría las desventajas de ambos. Por ejemplo, si se nombrase por regiones, todos los magistrados de Bretaña (jueces de paz, jueces, consejeros y presidentes) serían del partido blanco, mientras que los de Provenza serían del partido azul. En ambos casos serían parciales, y en ese caso habría diversidad, pero solamente en lo referente a parcialidad y sesgo.

Estamos hablando del futuro, aunque quizá no de uno muy lejano. Abordemos ahora el presente. El jurado sigue todavía entre nosotros. Ahora bien, el jurado combina una aptitud moral absoluta con una absoluta incompetencia técnica. La democracia siempre va a incluir incompetencia de una u otra clase. Un jurado es independiente de todo el mundo, tanto del gobierno como del pueblo, y de la mejor forma posible, porque, sin ser elegido, es el agente del pueblo. No persigue la reelección y le molesta más que le satisface ser convocado para realizar una tarea desagradable. Por otro lado, siempre oscila entre dos emociones, la piedad y el instinto de conservación, entre los sentimientos de humanidad y la necesidad de protección social; es igualmente sensible a la elocuencia del abogado defensor y a la recapitulación del fiscal y, como ambas influencias se compensan entre sí, se encuentra en las mejores condiciones morales para llegar a un veredicto equitativo.

Es por eso que el jurado tiene un origen tan antiguo. En Atenas, el tribunal de los heliastas formaba una especie de jurado, en realidad demasiado numeroso y más parecido a una reunión pública, pero aun así una especie de jurado.

En Roma, una república mejor regulada, había algunos ciudadanos elegidos por el pretor que dilucidaban cuestiones de hecho, es decir, decidían si un acto concreto había sucedido o no, o si una suma de dinero se había pagado o no, y la cuestión jurídica estaba reservada para el *centumvirs*.[20]

En Inglaterra el jurado todavía existe y ha existido durante siglos.

Estos diversos pueblos han considerado con buen criterio que los jurados están perfectamente capacitados para llegar a decisiones equitativas, puesto que poseen mayor aptitud moral para esta función en particular que la que pueda encontrarse en ninguna otra parte.

Esto es cierto; pero por otra parte un jurado no entiende nada. En noviembre de 1909, un jurado en Côte d'Or ante el que se estaba juzgando a un asesino, declaró: (1) que aquel hombre no había asestado los golpes; y (2) que los golpes que él había asestado habían causado la muerte. De modo que el hombre fue absuelto aunque su violencia, que nunca ocurrió, había producido un resultado criminal.

En el caso Steinheil en el mismo mes y año, del veredicto del jurado se desprendía: (1) que nadie había sido asesinado en casa de los Steinheil; y (2) que la señora Steinheil no era la hija de la señora Japy. Si el veredicto fuese una sentencia, esto habría puesto fin a todas las pesquisas para descubrir a los asesinos del señor Steinheil y de la señora Japy y, por otra parte, habría causado terribles complicaciones de tipo civil.

Pero el veredicto de un jurado no es una sentencia. ¿Por qué? Porque el legislador previó el absurdo alarmante de los veredictos. En derecho se presume que todos los veredictos de los jurados son absurdos, y la experiencia demuestra que a menudo es lo que sucede. Los veredictos de los jurados siempre parecen haberlos decidido por sorteo, como los del famoso juez de Rabelais, y hay un dicho típico en los tribunales que reza que es imposible prever el resultado de cualquier caso que llega ante un jurado. Parece como si el jurado razonase así: «Soy juez por azar, así que lo más correcto es que mi sentencia la dicte el azar».

---

[20] Miembro del *centumviri*, tribunal romano civil compuesto por tres miembros de cada tribu, ciento cinco hombres en total.

Voltaire estaba a favor del sistema de jurado, principalmente porque tenía la peor de las opiniones sobre los magistrados de su época, a los que solía comparar con «Busiris».[21] Pero, con su habitual incongruencia, no le preocupaba reconocer el hecho de que la población de Abbeville y su vecindario estaban unánimemente exasperados contra La Barre y D'Etalonde, y el pueblo de Toulouse contra Calas, y que todos ellos habrían sido condenados por jurados convocados en aquellos distritos con tanta seguridad como lo fueron por el magisterial «Busiris».

El sistema de jurado no es más que un refinado ejemplo de cómo la sociedad, cuando tiene que defenderse de ladrones y asesinos, hace recaer el deber de defenderla sobre algunos de sus ciudadanos, y les pertrecha con el arma de la ley. Desafortunadamente, elige para ese propósito a ciudadanos que no saben usar esa arma. Y le gusta imaginar entonces que está adecuadamente protegida. El jurado es como un gladiador inexperto que se enreda entre las mallas de su propia red.

No hace falta decir que la democracia, con su habitual obstinación, está intentando ahora rebajar el jurado un peldaño más y reclutarlo de entre la clase baja en lugar de entre la clase media-baja. Personalmente no veo nada de malo en ello, pues, en materia de leyes, la ignorancia y la inexperiencia de la clase media-baja y la ignorancia de la clase trabajadora es muy parecida. Sólo lo he mencionado para demostrar la tendencia de la democracia hacia lo que presumiblemente representa una mayor incompetencia.

Ahora les llega el turno a los jueces de paz. En la actualidad todavía tenemos jueces de paz. Aquí tenemos un ejemplo más interesante de la forma en que la democracia se esfuerza por alcanzar la incompetencia en materia judicial.

Debido a los gastos que representa la apelación, la jurisdicción del juez de paz es casi siempre final. Debe tratarse de una persona instruida con algún conocimiento de leyes y jurisprudencia. De modo que normalmente se elige entre hombres que tienen un título o un diploma de derecho o antiguos asistentes legales de notaría que cuenten con un «brevet de capacité» (certificado de aptitud). Siendo del todo honesto, ésta ya de por sí es una garantía bastante endeble.

---

[21] En la mitología griega, rey de Egipto conocido por su crueldad.

Mediante la ley del 12 de julio de 1905, el Senado francés, ansioso por encontrar hombres aún más incompetentes, decidió que los jueces de paz pudiesen ser elegidos entre aquellos que, «a falta del título o certificado necesario, hubiesen ocupado el puesto de alcalde, teniente de alcalde o concejal durante diez años».

El objetivo de esta decisión era muy honesto y legítimo: consistía en dar a los senadores y diputados la oportunidad de recompensar los servicios electorales prestados por los alcaldes de pueblo y sus adjuntos con un puesto de juez de paz. Y recuerden que los senadores en particular son nombrados por los alcaldes y sus adjuntos. Además, era una oportunidad que no debía perderse para aplicar nuestro principio, que es el siguiente: nos preguntamos dónde puede encontrarse la incompetencia absoluta y, una vez localizado aquel que pueda hacerse acreedor indiscutible de ese título, le confiamos la autoridad.

Y sin duda los alcaldes y sus adjuntos responden exactamente a esta descripción. Deben ser capaces de firmar, pero no están obligados a saber leer, y el ochenta por ciento de ellos son analfabetos del todo. Su trabajo lo hace muy habitualmente en su lugar el maestro de escuela. El Senado, por tanto, está bastante seguro de que encontrará entre ellos a hombres absolutamente incompetentes para el puesto de juez de paz, y así ha encontrado lo que necesitaba. Una incompetencia así de colosal merecía un cargo, y le ha sido concedido uno.

Ciertas consecuencias de esta muy democrática institución parecen haber molestado a la magistratura y a los poderes públicos. El señor Barthou, el ministro de Justicia, se quejaba amargamente del trabajo que le daba esta nueva institución. Pronunció el siguiente discurso en la Cámara de Diputados a finales de 1909: «Estamos aquí para decirnos la verdad unos a otros, y, con toda la debida moderación y prudencia que corresponde, considero mi deber alertar a la Cámara sobre los efectos de la ley de 1905. En este momento estoy asediado por solicitudes para el puesto de juez de paz. No les diré que hay unas nueve mil de ellas en mi oficina porque es cierto que, por uno u otro motivo, algunas no son elegibles para la candidatura, pero hay en números redondos unas cinco mil quinientas solicitudes recomendadas y examinadas (Se refería a que habían sido examinadas porque habían sido recomendadas, pues, como no podía ser de otra forma, las que no venían apadrinadas por alguna figura política ni siquiera se miraban). Dado que la media anual de puestos vacantes es de ciento ochenta, enseguida verán ustedes en qué dilema me encuentro inmerso. Algunas de estas solicitudes se hacen con la más extraordinaria persistencia, podría incluso decir que con ferocidad, y siempre coincide que provienen de hombres que han ocupado el cargo de alcalde o teniente de alcalde durante diez años, a menudo en los lugares más insignificantes».

El ministro de Justicia leyó entonces el informe que un procurador general había redactado al respecto de la cuestión.

«En este departamento hay cuarenta y siete jueces de paz, veinte de los cuales, como he sabido tras indagar sobre ello, eran alcaldes en el momento de su nombramiento. No debe extrañar que el número de magnates provinciales que aspiran al puesto vaya en aumento, pues parece ser generalmente reconocido en este departamento que la elección de funcionarios a despecho de cualquier tipo de aptitud profesional es el método habitual de acceso a un cargo remunerado, y muy especialmente al de juez de paz. Una vez que han sido nombrados, los alcaldes compaginan sus funciones municipales y judiciales, y muchas veces su residencia efectiva sigue estando en la comuna que administran y no en el cantón en el que dispensan justicia, que nunca deberían abandonar sin permiso. A veces estos magistrados de distrito están dispuestos a hacer lo que sea para obtener el apoyo moral de los políticos de su zona, lo que supone, en definitiva, una extorsión que se vale de la influencia electoral que puedan llegar a tener en su condición de magistrados municipales. Les importa mucho menos que les invaliden para la carrera judicial que el eventual apoyo del diputado. Aquellos que acaban ante sus tribunales son las desafortunadas víctimas de estos acuerdos comprometedores que están dando mala fama al sistema republicano».

En mi opinión, el ministro de Justicia y su procurador general tienen bien poca justificación para estos lamentos. Después de todo, el ministro sólo se queja de tener nueve mil solicitudes para el puesto. Seguramente le resultaría muy fácil, de conformidad con el principio generalmente reconocido, elegir a aquellos cuya incompetencia parezca ser más completa, o a aquellos que cuenten con apoyos más influyentes, según la costumbre imperante.

En cuanto a los sarcasmos del procurador general, que él cree tan ingeniosos, resultan deliciosamente ingenuos y divertidos. «Parece ser generalmente reconocido que la elección de funcionarios a despecho de cualquier tipo de aptitud profesional es el método habitual de acceso a un cargo remunerado». ¿Qué otra cosa esperaba que ocurriese? Es eminentemente democrático que la notable ausencia de capacidad profesional señale a un hombre para el empleo. Constituye el espíritu mismo de la democracia. Él seguramente no crea que lo que hace que un hombre sea elector es su capacidad legislativa y administrativa.

Es también esencialmente democrático que los cargos electivos conduzcan a nombramientos remunerados, pues la teoría democrática implica que todo cargo, remunerado o no, sea electivo. ¡Este procurador general debe de ser un aristócrata!

En cuanto a los servicios mutuos prestados por el juez, como alcalde, al diputado, y por el diputado al juez, esto es pura y simplemente la democracia. Los diputados distribuyen favores para ser elegidos y reelegidos; los electores influyentes ponen todo su interés, personal y oficial, al servicio de los diputados para obtener esos favores. Y entre unos y otros hacen piña.

Encajan como un guante uno con el otro, y forman una sólida unión de intereses.

¿Qué otra cosa quiere el procurador general? ¿Quiere un sistema diferente? Si quiere otro sistema, cualquier otro que pudiera idear ya no sería una democracia, o al menos no será una democracia democrática. Tampoco tengo ni idea de lo que quiere decir cuando afirma que el sistema republicano acabará teniendo mala fama. El buen nombre de la república depende de que se pongan en práctica todos los principios democráticos; y los principios democráticos, ciertamente, nunca han sido puestos en práctica de una forma más precisa que en el ejemplo anterior, que he tenido el enorme placer de rescatar del olvido y presentar a la valoración de los sociólogos.

CAPÍTULO VIII

EJEMPLOS DE INCOMPETENCIA

Ya he dicho que el culto a la incompetencia es como una mancha de aceite que se propaga por contagio y que, siendo endémica, es natural que se haga epidémica. Puesto que ataca al Estado desde la raíz misma, es decir, desde su constitución, no es de extrañar que se esté extendiendo con rapidez a las costumbres y la moral del país.

El teatro, como ya sabemos, es una imitación de la vida. La vida también es, quizá incluso en mayor medida, una imitación del teatro. Del mismo modo que la ley surge de la moral, la moral surge también, o acaso más aún, de las leyes. «Los hombres se rigen por muchas cosas —dice Montesquieu—: el clima, la religión, las leyes, los preceptos, el ejemplo, la moral y los modales, y como resultado de todo ello se forma un espíritu general». Entre todas estas cosas que gobiernan a los hombres se dan una serie de acciones y reacciones recíprocas.

La moral es la que hace las leyes la mayor parte de las veces, especialmente en una democracia, lo que resulta deplorable, aunque Montesquieu tuviese razón al decir: «La moral toma su color de las leyes, y los modales de la moral, pues las leyes ciertamente «ayudan a formar la moral, los modales» e incluso «el carácter nacional». En la Roma bajo el Imperio, por ejemplo, el código moral era hasta cierto punto el resultado del poder arbitrario, como hoy en día el carácter moral de los ingleses se debe hasta cierto punto a las leyes y a la constitución de su país.

Sabemos que a través de sus leyes Pedro el Grande cambió, si no el carácter, al menos sí los usos y costumbres de su pueblo.

Las leyes engendran las costumbres, y las costumbres engendran la moral. El carácter nacional no cambia en realidad, pues el carácter, en mi opinión, es algo imposible de cambiar, pero sí da la impresión de que cambia, y sin duda experimenta algunas modificaciones; se revisan un conjunto de tendencias, mientras que otras se refuerzan.

La ley de supresión del derecho de primogenitura ha tenido un efecto obvio sobre la moral nacional, pero no ha alterado en ningún otro sentido el carácter nacional. Y ello porque surge una peculiar actitud mental de la dominación constante del hermano mayor, cuyo derecho de nacimiento le otorga una prioridad y una autoridad sólo comparables a las de un padre. Es evidente que los países en los que todavía se mantiene el derecho al legado testamentario sin restricciones detestarán la moral familiar de otros, muy diferentes, en los que el niño es considerado un titular conjunto del patrimonio.

Desde la aprobación de la ley que permite el divorcio, un mal triste pero necesario, ha habido más solicitudes de divorcio de las que hubo nunca para separarse. ¿Puede esto explicarse únicamente por el hecho de que antiguamente apenas valía la pena seguir el procedimiento para obtener la relativa libertad que suponía la separación? Creo que no, pues cuando un yugo resulta insoportable, lo lógico sería que los esfuerzos por aflojarlo fuesen igual de arduos y persistentes que los esfuerzos por deshacerse de él de manera definitiva.

Creo que lo cierto es que, cuando tanto el derecho civil como el eclesiástico estaban de acuerdo en prohibir el divorcio, el pueblo tenía una visión distinta del matrimonio; lo consideraban como algo sagrado, como un vínculo que era vergonzoso romper y que no podía romperse excepto como último recurso, e incluso en ese caso bajo pena de muerte. La ley que permite el divorcio fue lo que nuestros antepasados habrían llamado una «indiscreción» legal. Ha eliminado el sentimiento de vergüenza. Excepto en los casos en los que existe un fuerte sentimiento religioso, ahora no hay escrúpulo ni vergüenza para plantearse el divorcio. El viejo orden ha fallecido; el recato ha sido reemplazado por el deseo de libertad o de otra unión matrimonial. Este cambio ha sido propiciado por una ley que fue el resultado de un nuevo código moral; pero la propia ley ha contribuido a ampliar y expandir ese código.

Del mismo modo, la democracia extiende el amor por la incompetencia que le es característica y que es algo así como su facultad maestra. Los filósofos griegos solían deleitarse imaginando cómo sería la moral, en especial la moral doméstica, en una democracia. A este respecto, todos ellos rivalizaban con Aristófanes. Uno de los personajes de Jenofonte[22] dice: «Estoy satisfecho conmigo mismo, porque soy pobre. Cuando era rico tenía que bailar el agua a mis calumniadores, que sabían muy bien que podían perjudicarme más a mí que yo a ellos. Además, la República estaba siempre imponiendo nuevos impuestos de los que no podía librarme. Ahora que soy pobre, estoy investido de autoridad; nadie me amenaza. Soy yo quien amenaza a otros. Soy libre de ir y venir a placer. Los ricos se levantan a mi paso y me ceden el sitio. Era un esclavo, y ahora soy un rey; solía pagar tributos a la República, y ahora es ella la que me mantiene. Ya no temo desgracias, y sólo espero ganar…».

Platón también se ríe de lo mismo: «Esta forma de gobierno sin duda parece la más hermosa de todas, y esta prodigiosa variedad de caracteres bien podría tener un efecto excelente… ¿No parece acaso a primera vista el más delicioso y cómodo de los privilegios que no podamos ser obligados a aceptar un cargo público por muy elegibles que seamos, que no necesitemos someternos a la autoridad y que cada uno de nosotros pueda convertirse en juez o magistrado a capricho? ¿No hay acaso algo encantador en la benevolencia mostrada con los condenados? ¿Habéis notado cómo en un Estado como este los hombres condenados a muerte o al exilio no por ello dejan de permanecer en el país o de viajar al extranjero con la apariencia de héroes entre personas que hacen como si no los vieran? Ved con qué condescendencia y tolerancia los demócratas desprecian las máximas que nos han enseñado desde niños a reverenciar y a asociar con el bienestar de la República. Estábamos convencidos de

---

[22] Se refiere a Cármides, en *El banquete*. Este pasaje aparece citado en *El espíritu de las leyes*, de Montesquieu.

que, si un hombre no había nacido virtuoso, jamás adquiriría virtud, a no ser que hubiese vivido siempre en un ambiente de honestidad y probidad y le hubiese prestado a ambas su más sincera atención. Ved con qué desprecio los demócratas pisotean estas doctrinas y nunca se paran a preguntar qué formación ha tenido un hombre para un cargo público. Por el contrario, cualquiera que simplemente se declare amigo del pueblo es bienvenido con los brazos abiertos. Se asume al instante que se trata de alguien absolutamente desinteresado.

»Estas son sólo algunas de las muchas ventajas de la democracia. Es una agradable forma de gobierno en la que *reina la igualdad tanto entre cosas desiguales como entre cosas iguales*... Por otra parte, cuando un Estado democrático, sediento de libertad, es controlado por taberneros inmorales que le dan a beber el vino puro de la libertad y permiten que lo beba hasta que se emborracha, entonces, si sus gobernantes no se muestran complacientes y dejan que beban hasta saciarse, se les acusa y derroca bajo el pretexto de que son traidores que aspiran a una oligarquía... pues el pueblo se envanece y le encanta la igualdad que confunde y no distingue entre magistrados y ciudadanos. ¿Es de extrañar que el espíritu de licencia, insubordinación y anarquía lo invada todo, incluso la institución de la familia? [...] Los padres aprenden a tratar a sus hijos como iguales y en parte los temen, mientras que los niños ni temen ni respetan a sus padres. Todos los ciudadanos y los residentes, e incluso los extranjeros, aspiran a la igualdad de derechos de ciudadanía.

»Los maestros temen a sus discípulos y los tratan con la mayor consideración, y tanto ellos como sus ayos son objeto de burla. Los hombres jóvenes quieren estar en igualdad de condiciones con sus mayores y mejores, y los viejos imitan los modales de los jóvenes por temor a que los consideren agrios y despóticos... Observad también a qué extremos de libertad e igualdad se llevan las relaciones entre los sexos. Apenas creeríais cuánto más libres son allí los animales domésticos que en ninguna otra parte, pues, como dice el refrán, las perras se hacen allí igual que las dueñas,[23] y los caballos y

---

[23] El refrán decía «como la dueña, así la perra», y solía referirse a las sirvientas que emulan a sus señoras. Platón recupera el término original («perra») a propósito (*República*, 563c).

los asnos, acostumbrados a andar por ahí con todo el empaque y sin impedimentos, golpean a cualquiera que se cruce en su camino».

Aristóteles, infiel en este punto a su método favorito, que consiste en contradecir siempre a Platón, no siente ningún apego particular, como ya hemos dicho, por la democracia. Muy frío, a menudo humorístico pero nunca sarcástico, no está especialmente a favor de ella, aunque tampoco emplea con ella el mismo sarcasmo mordaz de Platón.

En primer lugar, Aristóteles está abiertamente a favor de la esclavitud, como lo estaban todos los filósofos de la antigüedad excepto, quizá, Seneca; pero es más insistente en este punto que nadie, pues ve la esclavitud, no como un fundamento más, sino como el fundamento mismo, esencial y absolutamente indispensable, de la sociedad antigua.

Él considera que los artesanos pertenecen a un estrato superior, pero que siguen siendo una clase de «semiesclavos». Afirma como un hecho histórico que sólo las democracias sumidas en la corrupción les otorgaron derechos de ciudadanía, y sostiene la teoría de que ningún gobierno sensato les otorgaría la condición de ciudadanos. «Algunos pueblos no admitían a los artesanos para la magistratura, un privilegio que sólo adquirieron bajo democracias radicales. En épocas antiguas y entre algunas naciones, los artesanos eran considerados esclavos o extranjeros, y por ello la mayoría de ellos mantienen también ahora esa misma condición. Lo que es seguro es que una ciudad modélica nunca otorgará a los artesanos la condición de ciudadanos...» Aristóteles admite que la democracia pueda considerarse como una forma de gobierno («...si la democracia fuese una forma real de gobierno»), y admite también que «...las multitudes, en las que cada individuo no es más que una persona normal, cuando se reúnen, pueden muy probablemente ser mejores que los pocos buenos, si se las considera no individual sino colectivamente. Por tanto, los muchos juzgan mejor que un solo hombre sobre música y poesía; pues unos entienden una parte y otros otra, y entre todos lo entienden todo. [Observen que seguimos hablando de una *democracia* en la que los esclavos y los artesanos no son ciudadanos]. Sin duda, también la democracia es la más tolerable de entre las formas de gobierno degeneradas, clasificadas por Platón, aunque su punto de vista no coincide con el mío, porque él establece el principio de que, de todas las buenas formas de gobierno, la democracia es la peor, pero la considera la mejor de las malas». Pero aun así Aristóteles no puede evitar pensar que la democracia es un error sociológico. Es necesario que la ciudad reconozca que «no podemos elevar al rango de ciudadanos a todos aquellos, incluso a los más útiles, que son necesarios para la existencia de la ciudad».

La democracia tiene este notable inconveniente: constitucionalmente, como si dijéramos, no puede albergar en su seno ni alentar a hombres superiores. En una democracia, «si hubiese alguna persona, o más de una, cuya virtud fuese tan superior que las virtudes o la capacidad de todos los demás no admitiesen comparación alguna con la suya o las suyas, él o ellos no podrían seguir considerándose parte de esa ciudad; pues no se haría justicia al superior si se le reconociese sólo como igual a quienes hasta entonces eran tan inferiores a él en virtud y en aptitud política. Parece que alguien así debería ser considerado como un Dios entre hombres. Por lo tanto, vemos que necesariamente la legislación se refiere sólo a aquellos que son iguales por nacimiento y poder; y que para los hombres de virtud preeminente no hay ley: ellos mismos son su propia ley. Todo aquel que intentase hacer leyes para ellos resultaría ridículo: ellos probablemente replicarían lo que, en la fábula de Antístenes, los leones le dicen a las liebres cuando en el consejo de las bestias las liebres comenzaron a protestar y a pedir igualdad para todos: '¿Dónde están tus garras?' Y *por esta razón* los Estados democráticos han instituido el ostracismo; la igualdad es su objetivo por encima de todo, y por tanto condenan al ostracismo y destierran de la ciudad por un tiempo a aquellos que parecen predominar demasiado debido a su riqueza, a la cantidad de sus amigos o a cualquier otra influencia política. La mitología nos dice que los argonautas dejaron atrás a Hércules por un motivo similar; la nave Argo no quería llevarle porque temía que fuese demasiado para el resto de la tripulación».

Trasíbulo, el tirano de Mileto, pidió a Periandro, tirano de Corinto y uno de los siete sabios de Grecia, consejo sobre el arte de gobierno. Periandro no respondió, sino que procedió a nivelar un campo de maíz cortando las mazorcas más altas. «Esta es una política no sólo conveniente para los tiranos o en la práctica limitada a ellos, sino igualmente necesaria en oligarquías y democracias. El ostracismo es una medida del mismo tipo, que actúa incapacitando y desterrando a los ciudadanos más preeminentes».

Es lo que podríamos llamar una necesidad constitucional de la democracia.

Para ser absolutamente honesto, no siempre está obligada a cortar las mazorcas de maíz. Cuenta con un método más simple. Puede, por así decirlo, mandarlo al exilio interior, impidiendo sistemáticamente que quienquiera que manifieste una superioridad cualquiera, ya sea de nacimiento, fortuna, virtud o talento, obtenga autoridad o responsabilidad social alguna. Es lo que se conoce popularmente como «ostracismo mudo». He señalado a menudo que, en la primera democracia, Luis XVI fue guillotinado por haber querido salir del país, mientras que, en la tercera democracia, sus sobrinos nietos fueron exiliados por su deseo de permanecer en él. El ostracismo, en estos casos, todavía camina a tientas, y su acción es contradictoria porque aún sigue titubeando. Así continuará hasta que se haya reducido a una ciencia, y entonces reducirá al mismo nivel, de un modo u otro, cada elemento distintivo individual, grande o pequeño, que destaque, mucho o poco, del nivel común. Esto es el ostracismo, y el ostracismo, por así decirlo, es un órgano fisiológico de la democracia: al usarlo mutila al país, porque de lo contrario se mutilaría a sí misma.

Aristóteles intenta a menudo resolver el problema de «el hombre eminente». Los hombres eminentes, dice, difieren de cualquier individuo común del mismo modo que lo hermoso difiere de lo feo, o las obras de arte de la realidad, porque en ellos se combinan elementos dispersos que existen en la realidad... «Es verdad que en toda clase de pueblos la diferencia entre los muchos y los pocos es siempre la misma. Lo que no está claro es si este principio puede aplicarse a todas las democracias y a todos los organismos formados por hombres, pero en todo caso nuestra afirmación sigue siendo válida (que existe la diferencia mencionada entre los hombres eminentes y el resto). De modo que podemos usarla para resolver la cuestión que habíamos planteado: ¿de cuánta autoridad debe investirse a la masa de ciudadanos? No podemos permitirles que accedan a las magistraturas fundamentales de la ciudad, pues existe el temor a que su falta de luces les lleve a cometer errores, y su falta de honradez a cometer injusticias. Pero también existe el riesgo de crearle demasiados enemigos al Estado si se les excluye de todos estos empleos. La única manera de evitarlo es asignarles algunas funciones deliberativas y judiciales. Es por eso que Solón... Pero cada individuo por sí solo es incapaz de juzgar».

El hombre eminente no es lo único que molesta a las democracias, sino cualquier forma de superioridad, ya sea individual o colectiva, que exista fuera del Estado y del gobierno.

Si recordamos que Aristóteles relacionaba la democracia extrema con la tiranía, será interesante recordar su resumen de las «prescripciones antiguas para la preservación de una tiranía». «El tirano debería librarse de aquellos que destaquen demasiado; debe ejecutar a los hombres valientes; no debe permitir las comidas en común, las asociaciones, la educación y cosas similares; debe estar en guardia contra cualquier cosa que pueda inspirar coraje o confianza entre sus súbditos; debe prohibir las asambleas literarias o cualesquiera otras reuniones para la discusión, y debe hacer todo lo posible para impedir que las personas se conozcan entre ellas (pues relacionarse engendra confianza mutua)». Las conclusiones de Aristóteles son subjetivamente aristocráticas: «En la ciudad perfecta surgirían grandes dudas sobre el uso del ostracismo, no cuando se aplicase a una manifiesta superioridad en fuerza, riqueza, popularidad o similares, sino cuando se usara contra alguien que es superior en virtud. ¿Qué es lo que habría que hacer con él? No es aceptable que a alguien con una superioridad de esa clase sea expulsado y exiliado de la ciudad; por otra parte, alguien así tampoco debería ser sometido a autoridad alguna, pues eso sería como obligar a Zeus a compartir su poder. La única alternativa es que todos obedeciesen de buen grado una autoridad como la suya, que parece adecuarse al orden de la naturaleza, y que los hombres como él fuesen reyes en sus ciudades de por vida». Pero cuando habla, por así decirlo, con objetividad, Aristóteles llega a otra conclusión, que tendremos ocasión de comentar e ilustrar como corresponde más adelante.

Entre los modernos, Rousseau afirmaba que él no era un demócrata, y tenía razón, porque entendía por democracia el sistema ateniense de gobierno directo, algo que no aprobaba en absoluto.

En el *Contrato Social* trazó un esquema más detallado, que, pese a algunas contradicciones y pasajes oscuros, es una descripción exacta de la democracia tal y como entendemos hoy el término; pero seguimos sin poder decir si es en realidad un demócrata, porque no sabemos lo que quiere decir con «ciudadanos», si se refiere a todo el mundo o sólo a una clase, aunque sea una muy numerosa. Rousseau escribió con más detalle que ningún otro, no tanto sobre la influencia de la democracia sobre la moral, sino sobre la coincidencia entre la democracia y la buena moral. Según Rousseau, puede encontrarse igualdad, frugalidad y simplicidad en Estados donde no hay ni realeza ni aristocracia ni plutocracia. Tal y como yo lo entiendo, se refiere a que la misma virtud que hace que determinados pueblos amen la igualdad, la frugalidad y la simplicidad da de sí también una forma de gobierno que excluye la aristocracia, la plutocracia y la realeza. Si uno tiene simplicidad, frugalidad e igualdad, probablemente viva en una república democrática o virtualmente democrática. Esta es, en mi opinión, la síntesis más clara e imparcial que podemos hacer de la doctrina de Rousseau, que, a pesar de estar siempre recogida en fórmulas rígidas, no deja de ser extremadamente vaga.

En esto Rousseau sigue, con más fidelidad de la que aceptaría confesar, a Montesquieu. Todo lo que he citado se encuentra de forma expresa en los capítulos sobre la democracia de Montesquieu. Incluso su famoso dicho: «el principio rector de la democracia es la virtud» lo único que significa, cuando lo emplea en un cierto sentido, es que la virtud es la síntesis de estas tres perfecciones: igualdad, simplicidad y frugalidad. Montesquieu emplea a veces el término «virtud» en sentido restringido y a veces en sentido amplio; a veces en el sentido de virtud política y cívica o patriotismo, y a veces en el sentido de virtud propiamente dicha (simplicidad, frugalidad, ahorro, igualdad). En este último caso, él y Rousseau están absolutamente de acuerdo.

Sólo que Montesquieu se ocupa también de la democracia en decadencia, al igual que hace con las demás formas de gobierno y, aunque no cita expresamente a Platón, en realidad recoge la sustancia de sus ideas, que ya hemos mencionado. «Cuando el pueblo desea hacer el trabajo de los magistrados, la dignidad del cargo desaparece; y cuando las deliberaciones del Senado pierden importancia, ni senadores ni ancianos son tratados con respeto. Cuando no se respeta a los ancianos, los padres no pueden esperar respeto de sus hijos, ni los esposos de sus esposas, ni los maestros de sus discípulos. A la larga, todos aprenderán a regocijarse de esta libertad sin límites y acabarán tan cansados de mandar como de obedecer. Mujeres, niños y esclavos no se someterán a autoridad alguna. Será el fin de la moral, del amor al orden, de la virtud».

En cuanto a esta transición, al tránsito de la moral pública de la democracia a la moral privada, doméstica y personal que predomina en esa forma de gobierno, ¿se han fijado en cuál es la raíz común de nuestros fracasos públicos y privados? La raíz común de ambos es la incomprensión, el olvido y el menosprecio de la aptitud. Si los alumnos desprecian a sus maestros, los jóvenes a los viejos, si las mujeres no respetan a sus maridos y los metecos[24] no respetan a los ciudadanos, si los condenados no temen a sus jueces, ni los hijos a sus padres, el concepto de aptitud desaparece. Los alumnos no admiten ya la superioridad científica de sus profesores; a los jóvenes no les interesa la experiencia de los viejos; las mujeres no reconocen la superioridad de sus maridos en cuestiones prácticas; los metecos no reconocen la superioridad de los ciudadanos desde el punto de vista de la tradición nacional; los condenados no perciben la superioridad moral de sus jueces; y los hijos no se dan cuenta de la superioridad científica, práctica, cívica y moral de sus padres.

De hecho, ¿por qué deberían hacerlo? ¿Y cómo no van a estas estos sentimientos bien asentados, de forma permanente y estable, cuando el propio Estado está organizado sobre la base del desprecio por la aptitud o sobre algo aún peor, una reverencia por la incompetencia y un deseo insaciable de que sean los incompetentes los que dirijan y gobiernen?

Como se ve, la moral pública ejerce una gran influencia sobre la moral privada; y, poco a poco, esa laxitud en las relaciones cotidianas entre ciudadanos que Platón denominaba con ingenio «la igualdad entre cosas que son iguales y entre cosas que no lo son» alcanza la vida familiar y social.

---

[24] Extranjeros que se establecían en Atenas y no gozaban de los derechos de ciudadanía.

La primera innovación que la democracia lleva a la vida familiar es la igualdad entre sexos, que va seguida de la falta de respeto de la mujer por el hombre. Esta idea de igualdad, admitámoslo, es esencialmente correcta; sólo deja de ser cierta cuando se observa en relación a las diferentes competencias de ambos sexos. La mujer es igual al hombre en capacidad cerebral, y en las sociedades civilizadas, en las que el intelecto es lo único que importa, la mujer es perfectamente igual al hombre. Debe ser admitida en los mismos empleos que los hombres en la sociedad y en las mismas condiciones de capacidad y educación, pero en la vida familiar deberían aplicarse las mismas reglas que en cualquier otra empresa. A saber: 1) División del trabajo según la aptitud de cada uno; 2) Reconocimiento de un líder conforme a la aptitud de cada uno.

Esta es la ley que se induce a las mujeres a malinterpretar constantemente en una democracia. Ellas no admiten el principio de división del trabajo ni en el mundo en general ni en la esfera doméstica. Tratan de inmiscuirse en el trabajo de los hombres, labores que tal vez podrían hacer muy satisfactoriamente si se vieran obligadas a ello y no tuvieran otra cosa que hacer; pero en la práctica lo estropean al ocuparse de ello cuando tienen otras tareas evidentes que atender. Se niegan a admitir que los hombres deberían dirigir la empresa; no aspiran a ser únicamente socias, sino directoras gerentes. Esto implica un rechazo despectivo por esa forma de jurisdicción social que proviene de la aceptación del convenio o contrato. Sin duda una mujer sería tan buena recaudando como su marido, pero dado que ambos han formado una sociedad, uno para administrar la recaudación y el otro para llevar la casa, tan malo resulta para el que se ocupa de llevar la casa empezar a recaudar como lo es para el que recauda empezar a cocinar o a comprar la comida. Es necesario respetar la eficiencia que surge de la observancia del convenio y del contrato. Esto, con práctica y experiencia, se convertirá rápidamente en una eficiencia muy real y muy valiosa, pero, si se ve frustrada desde el exterior dará lugar a la fricción, la inseguridad y la desorganización.

Es concretamente mediante este desprecio, que no se molestan en disimular, por la eficiencia que resulta del contrato y más adelante de la costumbre, y también mediante su negativa a reconocer la posición del cabeza de familia, que las mujeres están enseñando a sus hijos, a diario y de forma sistemática, a desobedecer a su padre. Es como si a los hijos se les enseñase en democracia a despreciar a sus padres. No se puede explicar de otra forma, por muy buenas e inocentes que sean sus intenciones. Fíjense en los hechos. En primer lugar, la democracia niega que la vida puedan dirigirla los muertos; uno de sus axiomas fundamentales es que ninguna generación debe estar atada y constreñida por su predecesora. ¿Qué conclusión puede esperarse que saquen los niños de ello salvo que no deben ninguna obediencia a su padre y a su madre?

Los niños tienen ya de por sí una exagerada tendencia natural a mirar por encima del hombro a sus padres. Se sienten orgullosos de su superioridad física; saben que su estrella está en auge mientras que la de sus padres está en declive. Se les adoctrina en el prejuicio universal de la humanidad moderna, que reza que el progreso es constante y que, por tanto, cualquier cosa de ayer es, por definición, inferior a la de hoy. También se les empuja, siempre lo he creído, a una especie de Némesis inspirada por el temor a que las ciencias y el potencial humanos avancen demasiado rápido si los niños se conforman con continuar el recorrido de sus padres allí donde estos lo dejaron, y sencillamente hacen caso a sus padres y no insisten en obliterar todo lo que sus padres hayan hecho y en comenzar de nuevo. Por todos estos motivos, el edificio jamás llega a elevarse demasiado sobre sus cimientos, y los niños tienen una inclinación natural a tratar a sus padres como Casandras. Luego, como para reforzar el argumento, la democracia tiene preparada una enseñanza que dicta que cada generación es independiente de las demás, y que los muertos no tienen ninguna lección que impartir a los vivos.

En segundo lugar, la democracia, llevando el principio aún más lejos y proclamando la doctrina de que el Estado es dueño de todo, aparta al niño de la familia tanto como le es posible. «La democracia —dijo Sócrates en uno de sus diálogos humorísticos— es un charlatán, un secuestrador de niños. Le arrebata al niño a su familia mientras está jugando, se lo lleva muy lejos, no le permite volver a verlos, le enseña varios idiomas extranjeros, lo disloca y lo desarticula, le pinta la cara y lo viste con prendas ridículas y le enseña todos los misterios del oficio de acróbata hasta que es lo suficientemente diestro como para aparecer en público y divertir a la concurrencia con sus trucos».

En todo caso, la democracia está decidida a apartar al niño de su familia para darle la educación que ha elegido y no la que los padres han elegido, y para enseñarle que no debe creer lo que le enseñan sus padres. Niega la aptitud de los padres para criar a sus hijos, la sustituye por su propia aptitud y afirma que es su propia enseñanza la única que tiene algo de valor.

Esta es, en democracia, una de las causas principales de las divisiones entre padres e hijos.

Podrían ustedes replicar que la democracia no siempre tiene éxito en sus esfuerzos por apartar a los niños de sus padres, porque nada evita que los niños extiendan el desprecio que les han enseñado a sentir por sus padres, con las excelentes razones citadas, a los maestros que el Estado ha designado para ellos.

Se trata de una observación de lo más pertinente, pues las máximas generales de la democracia son tan aptas para hacer que los alumnos desprecien a sus maestros como para hacer que los hijos desprecien a sus padres. El maestro también representa, a los ojos de su discípulo, ese pasado que no tiene conexión alguna con el presente y que según la ley del progreso es muy inferior al presente. Esto es cierto; pero el resultado final de todo ello es que, entre la escuela que contrarresta la influencia de los padres y el hogar que contrarresta la influencia de la escuela, el niño se convierte en un personaje que no recibe educación alguna. Se encuentra en una situación similar a la del niño que recibe lecciones y —lo que es más importante— ejemplo en el seno de una familia en la que la madre es creyente y el padre ateo. No se le educa, no ha recibido educación de ningún tipo. La única educación real, es decir, la única transmisión a los niños de las ideas de sus padres, consiste en una educación en casa que se ve reforzada por la instrucción de maestros elegidos por los padres según sus propios puntos de vista. Esta es precisamente la forma de educación con la que la democracia se niega a reconciliarse.

Hay una razón aún más convincente por la que ni se honra ni se respeta a los ancianos en una democracia. Aquí tenemos un nuevo caso de aptitud formalmente negada y oficialmente rechazada. Podría escribirse un interesante tratado acerca del ascenso y caída de los ancianos. La civilización no se ha portado bien con ellos. En los tiempos primitivos, como sigue ocurriendo hoy entre los salvajes, los ancianos eran los reyes. La gerontocracia es la forma de gobierno más antigua. Resulta fácil comprender el motivo, porque en los tiempos primitivos todo conocimiento era experiencia, y los viejos poseían toda la experiencia histórica, social y política de la ciudad. Se les rendían todos los honores y se les escuchaba con el más profundo respeto y veneración, con una reverencia casi supersticiosa.

Nietzsche tiene esos tiempos en mente cuando dice: «El respeto por los ancianos es un signo de nobleza, de aristocracia». Y también está pensando en el motivo de este prejuicio cuando añade: «El respeto por los ancianos es respeto por la tradición». Que los muertos gobernasen a los vivos se aceptaba instintivamente, y honrar a los ancianos era honrar a los que estaban próximos a la muerte:

> *El anciano que se remonta a la fuente primera,*
> *Ingresa en los días eternos y se aleja de los días cambiantes;*
> *En los ojos de los jóvenes vemos llamaradas,*
> *Pero en los ojos del viejo vemos la luz.*[25]

En una etapa posterior, el anciano *compartía* el gobierno civil con la monarquía, la aristocracia o la oligarquía, y conservaba el control casi completo de los asuntos jurídicos. Se seguía apreciando su aptitud técnica y moral. Su aptitud moral, para sus contemporáneos, consistía en el hecho de que sus pasiones estaban adormecidas y su juicio era tan desinteresado como resultaba humanamente posible. Incluso su obstinación era más una ventaja que un inconveniente. El anciano no estaba expuesto a caprichos, fantasías o repentinos arrebatos de carácter, ni era fácil de influenciar. Su aptitud técnica era considerable, porque él había visto mucho y lo recordaba, y su mente había elaborado inconscientemente una guía de casos de referencia. Como la historia se repite con leves alteraciones, él ya conocía bien cada nuevo caso que se presentaba; no le pillaba por sorpresa, y tenía una solución a mano que sólo requería alguna leve modificación.

---

[25] Fragmento de *La leyenda de los siglos*, de Victor Hugo.

Sin embargo, todo eso pasó en tiempos muy remotos. Lo que socavó la autoridad de los ancianos fue el libro. Hay que admitir que los libros recogen mejor que la memoria de los ancianos toda la ciencia, el derecho, la jurisprudencia y la historia. Un buen día los jóvenes dijeron: «Los ancianos eran nuestros libros; ahora que tenemos libros, ya no necesitamos a los ancianos».

Aquello fue un error; el conocimiento que se acumula en los libros nunca puede más que auxiliar al conocimiento vivo, al que está en constante remodelación y corrección por parte de un pensamiento vivo. Un libro es un hombre sabio petrificado; un hombre sabio es un libro que sigue pensando y escribiendo.

Pero estas ideas no prevalecieron; el libro reemplazó al anciano y el anciano dejó de ser la biblioteca nacional.

Más adelante, por diversas razones, los ancianos pasaron de ser respetados a ser ridiculizados. Convengamos de buena gana que se prestan a ello; son testarudos, maniáticos, pesados, aburridos, gruñones y desagradables a la vista. Los autores de comedias se burlaban de estos defectos tan reales y los hacían objeto de mofa. Y como la mayoría del público estaba formado por jóvenes, en primer lugar porque hay más jóvenes que viejos, y en segundo lugar porque los ancianos no acostumbran a ir al teatro, los autores de comedias teatrales tenían las risas del público aseguradas mofándose de los ancianos, o más bien mostrando simplemente sus características ridículas.

En Atenas y en Roma, y probablemente en otros lugares, el viejo era uno de los principales personajes grotescos. Estas cosas, como señaló Rousseau, tienen un gran efecto sobre la moral. Una vez que se había convertido en un famoso personaje ridículo, el anciano fue despojado de su autoridad social. En el *De Senectute*[26] es obvio que Cicerón estaba yendo a contracorriente al intentar restaurar el favor de un personaje que al público le resultaba indiferente. Todo lo que pudo hacer por él fue alegar circunstancias atenuantes.

Es algo destacable que, hasta en las epopeyas medievales, el

---

[26] *Sobre la vejez*, el texto que escribió Cicerón en el siglo I a.C. para contrarrestar el descrédito en que habían caído los ancianos dentro del sistema republicano.

propio Carlomagno, el emperador de la barba florida, a menudo representa un papel cómico. La épica se resiente de la proximidad con la fábula. Durante el Renacimiento, en los siglos XVII y XVIII, el anciano suele aparecer, aunque no siempre, como una figura ridícula.

Sucesor de Aristófanes y Plauto más que de Terencio, Molière es tanto el azote de la vejez como «el azote de lo ridículo»; persigue a los viejos como un sabueso a su presa y nunca los deja en paz, ya sea en su poesía o en su prosa.

Es de justicia reconocer que tanto Rousseau como su hija, la Revolución, intentaron devolver al anciano a su antigua gloria; él lo deja en buen lugar en sus obras, y ella le reserva un lugar importante y honorable en las ceremonias públicas y en las fiestas nacionales. Están presentes en ella los antiguos recuerdos de Lacedemonia y de la Roma temprana, algo que es también una forma de reacción contra la época de Luis XIV y Luis XV.

Pero el triunfo de la democracia ha relegado definitivamente al anciano al último rango de consideración. Se ha olvidado el consejo de Montesquieu, que decía que en una democracia (para ver el contexto, *Leyes* v. 8) «nada mantiene el nivel de la moral tan elevado como que los jóvenes veneren a los viejos. Ambos se benefician de ello, los jóvenes porque respetan a los viejos, y los viejos porque se les refuerza el respeto por sí mismos» (pues el respeto de los jóvenes es una ayuda a la autoestima de los ancianos).

La democracia ha olvidado este consejo porque ya no confía en la tradición y confía demasiado en el progreso. Los ancianos son los defensores naturales de la tradición, y debemos confesar que una fe entusiasta en el valor de lo que llamamos progreso no es su tendencia habitual. Precisamente por eso su influencia sería el más saludable correctivo para el sistema, y aún más para esa mentalidad general que desprecia el pasado e identifica cada cambio como un paso hacia el progreso. Pero la democracia no está dispuesta a admitir que necesita un correctivo, y el anciano, para ella, sólo representa un enemigo. El anciano mantiene la tradición y no siente ningún entusiasmo por el progreso, pero más allá de esto él defiende el respeto, primero por sí mismo, y después por la religión, por la gloria, por su país y por la historia de su nación. La democracia es indiferente al sentimiento de respeto, o más bien vive instalada en el temor a que dicho sentimiento pueda extenderse a otros ámbitos.

—Entonces, ¿qué reclama la democracia para sí misma?

—No es respeto, sino fervor, pasión, amor, devoción.

Todo el mundo desea ver reflejados en los demás los mismos sentimientos que tiene hacia sí mismo. La masa no respeta nada; ama, cede a la pasión, al entusiasmo, al fanatismo. No respeta ni siquiera aquello que ama.

Es bastante natural que al pueblo no le interesen los ancianos. La masa es un hombre joven. ¡Qué adecuada resulta para el pueblo la descripción que hace Horacio del joven!

Imberbus juvenis, tandem custode remoto,
Gaudet equis canibusque et aprici gramine campi,
Cereus in vitium flecti, monitoribus asper,
Utilium tardus provisor, prodigus aeris,
Sublimis, cupidusque et amata relinquere pernix.

«Una vez liberado del control de sus tutores, el hombre joven no piensa en nada más que en caballos, en perros y en el Campo de Marte: es impresionable como la cera ante cada tentación, no tiene paciencia para la corrección, presta poca atención a los conocimientos útiles, es manirroto con el dinero, presuntuoso, vehemente con lo que desea y veleidoso con aquello que ama».

En cualquier caso, el respeto no significa nada para el pueblo, y, cuando gobierna, de su ejemplo no podemos extraer lecciones de respeto. La democracia no siente ninguna estima por el anciano; y es interesante señalar que el término gerontocracia, al que los antiguos otorgaban el sentido más honorable, ahora no es más que un término de burla y se aplica sólo al gobierno que, debido precisamente a que está en manos de ancianos, es el más grotesco del mundo.

Esta desaparición del respeto, señalada como hemos visto por Platón, Aristóteles y Montesquieu como un síntoma de morbidez, es, se mire como se mire, un hecho de la mayor gravedad. Kant, se hizo la siguiente pregunta: ¿a qué es necesario obedecer? Se preguntaba qué criterio hay dentro de nosotros que nos diga a qué obedecer. Y dio la respuesta. A aquello dentro de nosotros que exige respeto; que no demanda que lo amemos ni que lo temamos, sino que simplemente nos parece, en nuestro interior, respetable. El sentimiento de respeto en sí mismo es lo único en lo que podemos confiar y que nunca nos engaña.

En una sociedad, los únicos sentimientos que obedecemos son aquellos que se ganan nuestro respeto, y es a los hombres que nos inspiran respeto a quienes escuchamos y honramos. Este es el único criterio que nos permite evaluar correctamente a los hombres y las cosas a los que debemos, si no obediencia absoluta, al menos sí atención y deferencia.

Los ancianos son la conciencia de la nación, y es una conciencia a veces severa, sombría, agotadora, terca, demasiado escrupulosa o sermoneadora, y repite las mismas cosas una y otra vez; es, en suma, una conciencia; pero es la conciencia.

La comparación podría llevarse más lejos con resultados que serían tan convenientes como curiosos. Si no se respetan sus mandatos, la conciencia se degrada y finalmente se corrompe, y entonces se vuelve pequeña, tímida, humilde y retraída, y habla en voz muy baja, pues no es posible hacerla callar del todo.

Se vuelve sofisticada, comienza a emplear el lenguaje de la pasión, no de las pasiones más viles de nuestra naturaleza, pero aun así es la voz de la pasión; deja de emplear el imperativo categórico y trata de ser persuasiva. Ya no levanta el dedo para mandar, sino que trata de engatusar con caricias.

Luego cae aún más bajo, finge indiferencia y escepticismo y adopta un aire frívolo para colar una palabra sabia entre su charla seductora y su alcahueteo, y emplea un lenguaje de este estilo: «Lo más probable es que todo sea válido, que el vicio y la virtud, el crimen y la honradez, el pecado y la inocencia, la brutalidad y la cortesía, el libertinaje y la pureza sean diversas formas de actividad que no pueden errar absolutamente en todas sus manifestaciones; pero precisamente porque cada una de ellas tiene su valor, puede que no haya nada que perder en ser honesto, o incluso puede que sea mejor serlo».

Toda nación que no respeta a sus ancianos los altera, los corrompe y los afea. ¡Qué razón tenía Montesquieu al decir que el respeto de los jóvenes ayuda a los ancianos a respetarse a sí mismos! Los ancianos a los que no se les respeta no se interesan por sus tareas naturales; dejan de aconsejar o sólo se atreven a dar consejos indirectos como si se disculparan por su sabiduría, o fingen laxitud moral para poder colar una dosis subrepticia de sabiduría mundana como un aviso inocuo; y, lo peor de todo: a la vista del insignificante papel que se les asigna en la sociedad, ya no quieren ser ancianos.

CAPÍTULO IX

MODALES

Si el culto a la incompetencia tiene un impacto no demasiado positivo en nuestra moralidad familiar, su impacto es aún peor en la moralidad pública, en la relación de las personas entre ellas en el seno de la vida pública. A menudo nos preguntamos por qué la cortesía desaparece día a día, y todo el mundo responde con una sonrisa: «Es lo democrático». Sin duda lo es, pero podemos indagar un poco acerca del porqué. Montesquieu comenta que «deshacerse de las normas de civismo es buscar un método para dejar que nuestros defectos campen a sus anchas». Añade la siguiente distinción, algo sutil: «la cortesía halaga los vicios de los demás, y el civismo evita que demos rienda suelta a los nuestros. Es una barrera levantada por los hombres para evitar corromperse unos a otros». Aquello que halaga el vicio apenas merece el nombre de cortesía; es más bien adulación. Entre el civismo y la cortesía hay sólo una leve diferencia de grado; el civismo es frío y muy respetuoso, mientras que la cortesía incluye un punto de adulación elegante. Resalta amablemente las buenas cualidades del prójimo, no sus defectos, y mucho menos sus vicios.

No cabe duda de que civismo y cortesía son medios delicados de mostrar respeto por nuestros semejantes y de comunicar el deseo de ser a su vez respetados. Son por tanto barreras, pero barreras que nos proporcionan apoyo, que nos separan y nos fortalecen, pero que, pese a mantenernos separados, no nos enemistan con nuestros vecinos.

También es bien cierto que, si nos liberamos de estas normas, ya sea del civismo o de la cortesía, damos rienda suelta a nuestros defectos. La base del civismo y de la cortesía es el respeto por los demás y el respeto por nosotros mismos. Como el padre Barthelemy ha señalado con mucho acierto: «En los ciudadanos de primera clase reina un espíritu de decoro que pone de manifiesto que un hombre se respeta a sí mismo, y un espíritu de cortesía que pone de manifiesto que respeta también a los demás». A eso mismo se refería Pascal cuando decía que «el respeto es molestarse», y, como él mismo explica, si uno se molesta en estar de pie cuando nuestro vecino está sentado, en quitarse el sombrero cuando él lo lleva puesto, pese a tratarse de actos superficiales de cortesía, son símbolos de los esfuerzos que estaríamos dispuestos a hacer en su nombre si se presentase la ocasión de serle realmente útiles.

La cortesía es una señal de respeto y una promesa de devoción.

Nada de esto es democrático, porque la democracia no reconoce superioridad alguna, de modo que no tiene ninguna simpatía por el respeto y la devoción personal. Respetar a los demás implica el reconocimiento por nuestra parte de que somos de menor importancia que ellos, y la cortesía por un igual requiere de nosotros el cortés fingimiento de que lo consideramos como nuestro superior. Esto se opone frontalmente al ideal democrático, que afirma que la superioridad no existe en ninguna parte. En cuanto a tratar a un igual haciendo como si uno lo creyese superior a él mismo, ello implica una doble hipocresía, porque requiere una hipocresía recíproca por su parte. Usted elogia su ingenio sólo para que él pueda devolverle el cumplido.

Sin insistir sobre este punto, la democracia argumentará, no obstante, que la cortesía es condenable porque no se limita a reconocer la superioridad, sino que en efecto la crea. Trata al igual como superior para inventar una superioridad, como si no hubiese aún suficiente. Parece dar a entender que, si la desigualdad no existiera, habría que inventarla. Y ello equivale a proclamar que nunca hay suficiente aristocracia. Es una opinión que la democracia no puede soportar.

En cuanto al civismo considerado como promesa de devoción futura, tampoco es democrático. El ciudadano no debe devoción a ningún individuo; se la debe únicamente a la comunidad. Es muy grave que uno se diga el «muy humilde servidor» de otro. Ello implica distinguir a un solo hombre de entre muchos otros y comprometerse a servirle; significa que uno reconoce en él alguna superioridad natural o social, y según la democracia no existe la superioridad social o natural. Además, si hubiera tal cosa como la superioridad natural, la naturaleza no sería quién para decretarla. Esto equivale a proclamar una forma de vasallaje, algo que no debe tolerarse.

En cuanto a la ausencia de cortesía considerada como «una forma dar rienda suelta a los propios defectos», se trata también en cierto sentido de algo esencialmente democrático. El demócrata no está orgulloso o satisfecho de sus defectos; en absoluto. Es sólo que, por definición, él cree no tener ninguno. Un defecto es la inferioridad de un hombre con respecto a otro; va implícito en el propio término: significa que algo falta, que un hombre tiene algo que otro no tiene. Pero todos los hombres son iguales, y por tanto, razona el demócrata, no tengo defectos, de modo que no necesito practicar esa forma de ortopedia moral que consiste en ocultar o controlar mis supuestos defectos. Así que yo puedo dar rienda suelta a mis presuntos defectos, eso que Montesquieu llama grosería, pues no son más que formas de ser y es posible que sean incluso cualidades.

El demócrata, de hecho, como los adolescentes, como la mayoría de las mujeres y como todos los seres humanos que acaban de empezar a reflexionar pero que aún no reflexionan demasiado, conoce sus defectos y los asume como cualidades. Esto es muy natural, pues nuestros defectos son la parte más visible de nuestro carácter, y, cuando aún estamos en la etapa narcisista, son nuestros defectos lo que apreciamos y admiramos. En consecuencia, la cortesía, que consiste en ocultar nuestros defectos, resulta intolerable para un hombre que está impaciente por mostrar cualidades que le parecen loables y valiosas. El motivo habitual por el que no corregimos nuestros defectos es porque los confundimos con cualidades, y cualquier práctica que exija su ocultación nos parece completamente absurda y tiránica.

El demócrata está por ello profundamente convencido de dos cosas; en primer lugar, de que todos los hombres son iguales y de que no existe el defecto en el sentido de inferioridad; y, en segundo lugar, de que los así denominados defectos son en realidad características naturales de gran interés. Él cree que los defectos son prejuicios inventados por intrigantes, sacerdotes, nobles, poderosos y gobernantes para inspirar humildad en los pobres y favorecer así sus propios y mezquinos fines. Ve este sentimiento de inferioridad como una forma de contención, como un freno para el poder del pueblo, tanto más potente cuanto que se trata de un freno interior que tiene un efecto paralizante. Lo ve como un escrúpulo íntimo que permite dominar al pueblo mediante un sentimiento de inferioridad que se transforma en aceptación de la dominación. Él está convencido, desde este punto de vista, de que la cortesía es un instrumento aristocrático al servicio de la tiranía.

Esto explica por qué, por ejemplo, la época de la explosión de la democracia francesa trajo consigo un auténtico furor grosero, más curioso si cabe en un país con una querencia natural por los buenos modales. Era la afirmación de la inexistencia de la superioridad del tipo que fuese, y también de la excelencia de la naturaleza humana en cualquier forma que pudiera presentarse, o en cualquier individuo que pudiera encarnarla.

La grosería es democrática.

CAPÍTULO X
HÁBITOS PROFESIONALES

El desprecio por la aptitud se lleva aún más lejos en el ámbito de las profesiones y los hábitos profesionales. Todos conocemos la historia, puede que mítica, del juez que le dijo a un abogado joven que se ocupaba concienzudamente de una «cuestión del derecho»: «Señor, no estamos aquí para hacer leyes, sino para resolver asuntos». No lo dijo con malicia; se refería a que «Los tribunales ya no examinamos los asuntos desde una perspectiva legal; los examinamos en sí mismos y juzgamos con equidad y sentido común. Las complejidades de la ley corresponden a los profesores, así que por favor, cuando se ocupe de un caso, no se comporte como un profesor de derecho». Esta teoría, que incluso suavizada en la forma en que acabo de formularla habría horrorizado a los magistrados antiguos, es muy frecuente hoy en día en círculos legales. Es lo que podríamos denominar una infiltración democrática.

Un magistrado, en la actualidad, aunque le reste algo del antiguo sentimiento de casta, sin duda no se considera obligado por la letra de la ley, la jurisprudencia o la tradición escrita; una vez que no es más que un funcionario que obedece al gobierno, algo que considera un deber, se convierte en un magistrado democrático, en una especie de heliasta de Atenas, de tal modo que juzga conforme a los dictados de su conciencia individual; no se considera miembro de un cuerpo instruido y obligado a aplicar las decisiones de ese cuerpo, sino un depositario de la verdad tan bueno como cualquier otro.

Un ejemplo de esta nueva mentalidad, excéntrico aunque ciertamente significativo, podemos encontrarlo en el juez que formalmente se ha atribuido a sí mismo el derecho a hacer la ley y que en sus consideraciones se remite, no a las leyes vigentes, sino a ideas mundanas y generales que le resultan atractivas, o a las doctrinas que prevé que se incorporarán a la ley más adelante. Él juzga conforme al Código del futuro.

La mera existencia de un juez así no tiene especial relevancia, pero el hecho de que muchas personas, incluso algunas con cierta formación, lo tomen en serio, que sea popular y que una parte considerable de la opinión pública lo considere un buen juez, esto resulta de lo más significativo.

Hay otro signo de los tiempos mucho más común. La peor forma de incompetencia es quizá la que permite a un hombre ser competente sin darse cuenta, y, al menos en los casos penales, esta parece ser la actitud normal de la mayoría de nuestros magistrados.

Debemos leer en este punto un panfleto muy curioso llamado *Le Pli Professionel*[27] (1909), de Marcel Lestranger, un magistrado provincial. Viene muy al caso. Muestra a las claras que la magistratura en la actualidad, tanto los jueces como los fiscales, ha perdido toda la confianza en sí misma y está aterrorizada por la opinión pública que representan los periódicos, las tertulias de los cafés, las asociaciones o los círculos políticos; el juez sabe también, o cree saber, que su promoción depende, no de una reputación de severidad, como antiguamente, sino de una reputación de indulgencia.

En la ejecución de su deber se ve enfrentado a fuerzas que siempre están coaligadas en su contra; el público, casi siempre favorable al acusado; o la prensa, tanto la local como la parisina, y la llamada medicina forense, que casi siempre está dispuesta a considerar a los acusados como personas «irresponsables» de sus actos. También vive en el terror constante de que se le relacione con un error judicial, pues los errores judiciales son ahora una especie de alucinación colectiva, y, para un considerable sector de la opinión pública, toda condena es un error judicial. De modo que el fiscal no se atreve a formular una acusación severa, y el juez no se atreve a interrogar con tenacidad.

---

[27] El pliego profesional.

Hay excepciones, por supuesto; pero estas excepciones, dado el asombro que provocan y la reacción a que dan lugar, demuestran con creces, de forma concluyente en realidad, que son algo anormal, ajeno al nuevo orden de cosas, ajeno a los nuevos hábitos del pueblo.

La mayor parte de las veces, el fiscal actúa con timidez y reserva, buscando atenuantes del crimen; deja puertas de escape, apela en voz baja a la indulgencia o se lamenta por la incertidumbre de las pruebas. Pide la cabeza del acusado, pero le aterroriza conseguirla.

El hecho es que tanto él como el magistrado desean que el asunto se resuelva mediante absolución, pues un asunto resuelto mediante sentencia absolutoria es un asunto enterrado. Ya no vuelve; no resucita, no vuelve a hablarse de él. No es ese tipo de casos que siempre alguien puede acabar considerando un error judicial, o que alguien, ya sea por animosidad o por motivos políticos o simplemente por diversión, convierte en un fantasma que persigue durante diez o incluso quince años al desafortunado juez que tuvo que lidiar con él.

Lestranger cuenta una historia que, conforme a toda la información que he podido recabar y a las conversaciones que recuerdo haber mantenido en su momento, es absolutamente cierta y ofrece una ilustración perfecta de miles de casos similares.

Un cazador furtivo de diecinueve años violó primero, y luego estranguló, a una mujer campesina, madre de familia, en el bosque. En esta ocasión no podía haber duda sobre un error judicial, ni siquiera una sugerencia en ese sentido, porque el preso se declaró culpable. Un gran punto. En Francia, cada condena que no se basa en la confesión del acusado es un error judicial; pero cuando el prisionero se declara culpable no puede haber acusaciones de este tipo, aunque podría haberlas, pues las confesiones falsas no son desconocidas, pero nunca se plantea nada de eso, y el caso parece bastante sencillo.

Pero a los magistrados les aterraba que el prisionero fuese condenado a muerte. El crimen era horrible, sobre todo a los ojos de un jurado de pueblo, cuyas esposas e hijas se veían a menudo obligadas a trabajar lejos de la aldea. Por otra parte, había un hombre insoportable, el viudo de la víctima, sediento de venganza, que cantó las alabanzas de su esposa y llevó a su hijo, el hijo de la víctima, que lloraba y gritaba en el tribunal mientras él declaraba. El presidente y el fiscal estaban desolados.

«He hecho todo lo que he podido», le dijo el presidente al fiscal. «He sacado el máximo partido a su juventud. He repetido 'sólo tiene diecinueve años'. He hecho todo lo humanamente posible».

«He hecho todo lo que he podido», le dijo el fiscal al presidente. «No he dicho una palabra sobre el castigo. Me he limitado a acusar. No podía abogar por la defensa. He hecho todo lo posible».

Al cierre de la audiencia, el jefe de la gendarmería los tranquilizó a ambos. «Es menor de veinte y se ha portado bien durante la audiencia. Es simpático. Es absolutamente imposible que lo condenen a muerte en este tranquilo pueblo. Verán como no lo condenan a muerte».

No lo condenaron. El jurado emitió un veredicto de culpabilidad con circunstancias atenuantes. Los magistrados recuperaron su tranquilidad. Los hechos descritos por el Sr. Lestranger están sustentados por las cifras. Quienes cometen crímenes susceptibles de excitar piedad, como el infanticidio o el aborto, tienen cada vez menos probabilidades de ser procesados; y, cuando lo son, por flagrante que haya sido el delito, suelen quedar impunes. El promedio de absoluciones durante los últimos doce años es del 26%. Los magistrados contemporáneos son San Franciscos de Asistencia Judicial.[28]

O bien el magistrado no cree en su propia aptitud, o bien opta por estar tranquilo, algo que le resulta muy sencillo, y se preocupa más por su propia tranquilidad que por la seguridad pública. La magistratura será muy pronto poco más que una fachada, todavía imponente pero en absoluto intimidante.

Hay un síntoma muy grave de la poca confianza que tiene la masa en las saludables severidades de la justicia; el delincuente sorprendido en el acto es a menudo linchado, o casi, ya que es bien sabido que, si no se le castiga de inmediato, es muy probable que escape con total impunidad.

---

[28] Juego de palabras entre San Francisco de Asís y *Saints François d'assises* (*assises* significa «sesiones judiciales, juicios»).

—Sin embargo, esta misma masa, reunida en la forma de un jurado, es a menudo, casi siempre, muy indulgente.

—Cierto, y eso es porque entre la comisión del delito y el juicio suele haber un intervalo de seis meses. Cuando se comete el crimen, es la desgracia de la víctima la que excita a la masa; cuando se celebra el juicio, lo hace la desgracia de los acusados. Sea como fuere, la práctica del linchamiento equivale a una acusación formal de exceso de indulgencia por parte de magistrados y jurados.

Hasta el clero, más tenaz en la tradición que ningún otro estamento del Estado, poco a poco está volviéndose democrático, en el sentido de que, pese a ser maestros de dogmas y misterios, ahora sólo enseñan moral. Así pretende aproximarse a los pobres y de este modo tener un mayor control sobre ellos. Es evidente que no toda la culpa es suya. Es sólo que, al dejar de enseñar el dogma e interpretar los misterios, dejan de ser un cuerpo instruido o de tener el prestigio de un cuerpo instruido. Por otro lado, se rebajan al nivel de cualquier otra filosofía, que enseña y explica la moralidad y la ilustra con ejemplos sagrados tan bien como cualquier sacerdote. El resultado es que el pueblo se dice a sí mismo: «¿Qué necesidad tenemos de sacerdotes, si nos basta con los filósofos morales?».

Este americanismo no es demasiado peligroso en América; en realidad allí no tiene importancia, pues hay muy pocos filósofos morales laicos; pero representa un peligro enorme en Francia, Italia y Bélgica, en donde hay legiones de ellos.

En todas las profesiones, en suma, la raíz del mal es la siguiente: que creemos que la mera destreza y la astucia son incomparablemente superiores al conocimiento, y que la inteligencia es infinitamente más valiosa que el aprendizaje. Aquellos que ejercen la profesión lo creen así, y al público en general que apela a los profesionales no le escandaliza esta actitud de la clase profesional, de modo que se establece la igualdad real a la que tiende instintivamente la democracia. La democracia no respeta la aptitud, y muy pronto no tendrá ni siquiera la oportunidad de respetarla, pues la aptitud está desapareciendo, y en poco tiempo habrá desaparecido por completo. Muy pronto no habrá ninguna diferencia entre el juez y el litigante, entre el fiel y el sacerdote, entre el en-

fermo y el médico. El desprecio que existe por el talento lo des-
truye poco a poco, y el talento, al aceptar esta situación, se anticipa
al desprecio que genera. Al final, todas nuestras opiniones se re-
ducirán a una y estaremos todos de acuerdo.

CAPÍTULO XI
POSIBLES REMEDIOS

Hemos buscado muy concienzudamente, y los propios demócratas han buscado muy concienzudamente, remedios para esta enfermedad constitucional de la democracia. Hemos preservado ciertos organismos relativamente aristocráticos como refugios, así los consideramos, de la aptitud. Hemos preservado por ejemplo un Senado elegido por sufragio universal, aunque no de manera directa, sino en segundo grado. Hemos conservado también un Parlamento (un Senado y una Cámara de Diputados), una aristocracia flotante que se renueva continuamente, pero que sigue siendo una especie de aristocracia, ya que impide el gobierno directo e inmediato del pueblo por el pueblo.

Estos remedios no son en absoluto despreciables, pero reconozcamos que son muy débiles, porque la democracia, por así decirlo, los evita. Debido a las molestias que se toma para excluir la aptitud, ha hecho de la Cámara de Diputados (con algunas pocas excepciones) un cuerpo que se asemeja a ella con absoluta fidelidad, tanto en el carácter superficial de su conocimiento como en la vehemencia de sus pasiones; el resultado es, en mi opinión, que la masa podría gobernar igual de bien directamente y sin la intervención de representantes, a través de plebiscitos.

Lo mismo se aplica al Senado, aunque quizá de forma indirecta. El Senado es elegido por los delegados del sufragio universal. Sin embargo, estos delegados no son elegidos por un sufragio universal general en el que cada departamento elige cuatrocientos

125

o quinientos delegados, sino por los concejales de cada municipio o distrito. En estos municipios, especialmente en los municipios rurales, los concejales más numerosos y, en lo que tiene que ver con las elecciones, más influyentes, dependen de manera más o menos completa de los prefectos. El resultado es que el Senado lo eligen, en la práctica, los prefectos, es decir, el gobierno, como solía ocurrir en el Primer y en el Segundo Imperio. El autoritario redactor de la Constitución lo organizó así en beneficio de su propio partido; pretendía que el poder central controlase las elecciones al Senado, pero no ha resultado como él pretendía. *Vos non vobis,*[29] otros se han beneficiado de este mecanismo, como ponen de manifiesto las siguientes consideraciones.

Es bien sabido que en Francia un diputado que pertenece a la oposición y que por razones privadas quiere ser senador, aunque esté seguro de sus electores y tenga la seguridad de ser reelegido indefinidamente, está obligado, si no quiere fracasar en su nueva ambición, a ser cortés con el gobierno en el poder para disminuir su oposición y no resultarle desagradable. Resultaría muy inconveniente tener una oposición fuerte y activa en el Senado.

A esto se debe también que tengamos un Senado que se parece bastante a uno elegido por sufragio universal.

El sufragio universal elige a los miembros de la Cámara de Diputados, la Cámara elige al gobierno, y el gobierno prácticamente elige al Senado. El Senado es por tanto un remedio antidemocrático extremadamente débil y, si estaba pensado como un contrapeso para la democracia, no ha sido un gran éxito.

Si realmente deseamos tener una cámara alta lo más competente posible, independiente de la autoridad central y relativamente independiente del sufragio universal, deberíamos instituir una cámara que sea elegida por los grandes órganos constitutivos de la nación, y también, en mi opinión, por sufragio universal, aunque procediendo del siguiente modo: la nación entera, dividida a efectos prácticos en cinco o seis grandes distritos, debería elegir a cinco o seis mil delegados que a su vez eligiesen a

---

[29] Cita atribuida a Virgilio. *Sic vos, non vobis* (así vosotros, no para vosotros), que se refiere a algo que uno hace y beneficia a un tercero. Virgilio pone, entre otros, el ejemplo de las abejas y la miel.

trescientos senadores. Así no habría ninguna presión del gobierno ni manipulación alguna por parte del pueblo de una representación creada a su propia imagen, y tendríamos un cuerpo realmente selecto que incluiría, por así decirlo, tanto talento como fuese posible obtener en el país.

No obstante, se hace exactamente lo contrario, y por eso el Senado francés es un remedio antidemocrático extremadamente débil.

Representa la democracia rural guiada y regida de forma un tanto arbitraria por el gobierno democrático.

Otro remedio que se ha probado de forma igualmente concienzuda es el sistema de oposiciones, que se concibe como una garantía de la capacidad de aquellos que buscan ser admitidos al servicio del gobierno. El objetivo de estos exámenes, que son extremadamente detallados y complejos, es probar la capacidad del candidato en todos los aspectos, premiar el mérito y excluir el favoritismo.

—¡Y llama usted a esto remedio antidemocrático! ¡Pero si no hay nada más democrático!

—Discúlpenme, pero de eso nada. Sería antimonárquico si viviéramos bajo una monarquía, antiaristocrático si viviésemos bajo una aristocracia, y es antidemocrático puesto que vivimos en una democracia. Las oposiciones para cargos públicos son una especie de cooptación. En realidad se trata de pura y simple cooptación. Cuando sugerí que la magistratura fuese elegida por los magistrados, es decir, que los magistrados eligiesen a la Corte de Casación y la Corte de Casación, a su vez, a los magistrados, por supuesto se me acusó de ser contradictorio, como ocurre siempre que uno sugiere algo que se aparta de la costumbre habitual. Sin embargo, lo único que hice fue llevar un poco más lejos el principio que ya se aplica a los funcionarios. En cierto sentido, y en gran medida, los funcionarios reclutan a sus pares por cooptación.

Es cierto que en la práctica no eligen a los funcionarios, pero eliminan a los candidatos con los que no desean contar. Los exámenes son el ostracismo de los incompetentes. El gobierno, por supuesto, es quien decide quiénes se incorporan al cuerpo de funcionarios, pero su selección para el empleo está limitada a aquellos que previamente han sido considerados aptos para ser nombrados por otros funcionarios (los funcionarios que dirigen el examen). Se trata en realidad de una cooptación.

El tribunal examinador que admite a un candidato a la *Ecole Saint-Cyr* designa a un funcionario. El tribunal examinador que admite a un candidato a la *Ecole Polytechnique* designa a un funcionario o a un ingeniero. Un tribunal examinador que rechaza a un candidato en cualquiera de ambas está entrometiéndose en la soberanía nacional, porque está impidiendo que la soberanía nacional haga de ese joven un funcionario o un ingeniero. He aquí cooptación, y he aquí una garantía de aptitud. Aquí se levanta un muro contra la incompetencia y contra el enchufismo que favorece la incompetencia.

Es apenas necesario agregar que esta cooptación está limitada a un ámbito operativo muy estrecho. Se detiene justo en el umbral de la carrera del candidato. Una vez que el candidato ha sido nombrado funcionario por un tribunal de funcionarios examinadores pertenece, tanto en lo relativo a su avance profesional, como a su promoción o destitución, únicamente al poder central, excepto en ciertos casos. La cooptación de funcionarios es una cooptación estrictamente eliminatoria. La eliminación se lleva a cabo de una vez y para siempre, y el no eliminado (es decir, el candidato) se incorpora de inmediato a las tareas de gobierno, es decir, a la democracia, es decir, a la política, en la que todos los abusos que he enumerado pueden surgir y en efecto surgen. Pero en todo caso era necesario señalar que hemos intentado idear algunas débiles barreras contra la omnipotencia de la incompetencia que impiden así que predomine del todo.

Desafortunadamente, estas medidas profilácticas están muy mal organizadas y no pueden «aprobarse», sino que habría que «darles la vuelta por completo», como diría Boileau.

El sistema de oposiciones de nuestro país se basa en una idea falsa; me refiero a la confusión entre conocimiento y aptitud. Buscamos denodadamente aptitud, y creemos haberla encontrado cuando encontramos conocimiento, pero es un error.

El examen exige que el candidato sepa, y el concurso[30] por una misma plaza exige que sepa más que el resto, pero eso es prácticamente todo lo que el examen y el concurso exigen de él.

---

[30] Es decir, la competencia entre candidatos del «concurso y oposición».

De ahí resulta una de las más dolorosas llagas abiertas en nuestra civilización: la preparación para los exámenes.

La preparación para los exámenes es una ingurgitación de información, una indigestión, un empacho que, en primer lugar, vuelve pasivo al hombre que pudiera ser capaz a la edad en la que su actividad mental está en mejor forma; que, además, como resultado de este exceso, al desdichado paciente que haya sido condenado a someterse a este tratamiento durante cinco, ocho y a veces diez años de su juventud, le hace detestar y le incapacita durante el resto de su vida para todo esfuerzo intelectual.

Estoy convencido, si se me permite hablar en primera persona para apoyar mi argumento con un ejemplo que conozco muy bien, de que si he sido capaz de trabajar desde los veinticinco hasta los sesenta y tres años es porque nunca he tenido más que un éxito muy moderado, y me precio de ello, en las oposiciones. Dado que siempre he sido de naturaleza curiosa, me interesaba por las materias incluidas en el temario, pero también por otros asuntos, y descuidaba el plan de estudios. Aprobé algunas veces, más a menudo suspendí, de modo que a los veintiséis iba por detrás de mis contemporáneos, pero no estaba sobrepasado de trabajo ni exhausto, ni tampoco asqueado de todo esfuerzo intelectual. Admito que algunos de mis compañeros que nunca suspendieron un examen, y que aprobaron todos con gran brillantez, han trabajado tan duro como yo hasta los sesenta, pero han sido poquísimos.

Lo curioso es que los resultados, quizá no desastrosos, pero obviamente muy insatisfactorios, de este sistema de exámenes no nos llevan a abandonarlo (lo que tal vez sería una medida excesiva), sino que nos llevan a agravarlo y complicarlo. Los exámenes médicos y legales son mucho más «rígidos» de lo que solían ser, y requieren un mayor esfuerzo material, pero ni exigen ni obtienen ningún valor intelectual suplementario. En verdad, uno podría decir que los exámenes no son más que una prueba de buena salud, y es una prueba muy exhaustiva, pues a menudo consigue destruirla.

Veamos un ejemplo que conozco bien. Para que un hombre se distinga como profesor de educación secundaria es necesario que sea diplomado, licenciado, egresado o doctor. Se trata de una titulación que cuenta, y supone diez exámenes o concursos: dos para la primera mitad de la diplomatura, dos más para la segunda, dos para la licenciatura, dos para el grado y dos para el doctorado. Ni siquiera esto parece ser suficiente. Entre la segunda parte de la diplomatura y la licenciatura hay normalmente un intervalo de dos años; entre el licenciado y egresado, otros dos años; y entre el grado y el doctorado hay generalmente tres o cuatro años. ¡El peligro es evidente! Entre la licencia y el grado, por no ir más lejos de momento, el futuro profesor tiene dos años enteros para sí mismo. Es decir, que ¡durante el primero de estos dos años trabajará solo! Él puede trabajar libremente, puede estudiar lo que le parezca sin pensar en un examen al cabo de doce meses; ¡ha escapado por el momento de la servidumbre del plan de estudios! La perspectiva resulta estremecedora. Lamentablemente, es de temer que el joven pueda tomarse un descanso y recuperar el aliento, o peor aún, pueda desarrollarse conforme a sus aptitudes o gustos personales. La personalidad del candidato encuentra aquí una apertura, ¡un momento en el que tiene la posibilidad de afirmarse a sí misma! Esto debe impedirse a toda costa.

Por eso las autoridades han puesto un examen intermedio entre la licenciatura y el grado. El examen, es cierto, versa sobre un tema escogido por el candidato; es justo reconocerlo. No obstante, el examen versa sobre un trabajo que ha debido ser enviado a los profesores, un trabajo para el que el candidato ha tenido que consultar a sus profesores, y un trabajo en el que de un modo u otro los profesores han colaborado. El resultado, si no el objetivo de este examen, es evitar que el candidato, durante este peligroso año de libertad, desarrolle ideas propias originales y actúe conforme a ellas.

Un examen al año durante diez años, ese es el ideal del profesor moderno para los futuros profesores que estén en proceso de capacitación. Entre la segunda parte de la diplomatura y la licenciatura, como hay un intervalo de dos años, se dan cuenta enseguida de que debería haber un examen al final del primer año y crean al efecto los *Certificados de estudios intermedios, secundarios y superiores*. Entre el grado y el doctorado hay cuatro años, y naturalmente querremos tres exámenes sólo para ver cómo le va al futuro profesor con su tesis, para cargarle de asistentes e impedirle que trabaje en ella solo; el primer examen se llama *Bibliografía de las tesis para el doctorado;* el segundo se llama *Metodología del doctorado;* y el tercero se llama *Preparación para la presentación de la tesis,* y luego está el examen para el doctorado en sí.

De esta forma se alcanza el objetivo deseado. Entre los diecisiete y los veintisiete o treinta años, el examinando habrá tenido que someterse a dieciséis exámenes. No habrá trabajado nunca solo. Habrá trabajado siempre durante períodos de doce meses conforme a un plan de estudios para un examen, con la vista puesta en agradar a tales y tales profesores, amoldándose a sus puntos de vista, sus concepciones, sus ideas generales, sus excentricidades, ayudado por ellos, influenciado por ellos, no sabiendo nunca y con la sensación de que no debería saber, no queriendo saber y corriendo un gran riesgo si supiese, y adquiriendo hábitos para toda su vida de modo que no sepa jamás lo que piensa él mismo, lo que se imagina él mismo, lo que busca o le gustaría buscar por sí mismo, o en qué le gustaría convertirse. Se ocupará de todo ello después de cumplir los treinta.

Ni un vestigio de personalidad o pensamiento original hasta el momento en que sea demasiado tarde para que aparezca; esa es la máxima.

¿De dónde viene este frenesí, esta manía *examinatoria*? Cuando se para uno a pensar en ello, parece tratarse de un simple caso de *dandinomanía*.[31] Dandin dice con gran determinación: «quiero ir a juzgar». El profesor de cierta edad quiere ir a examinar. Ya no desea profesar; lo que le pirra es estar examinando todo el tiempo. Esto es muy natural. Profesando, le juzgan a él; examinando, es él quien juzga. Lo uno es siempre más agradable que lo otro. Para un profesor, sudar el arnés, sentirse examinado, es decir, criticado, discutido, sometido a juicio o incluso a burla ante un público de estudiantes y aficionados, pierde todo el atractivo a partir de una cierta edad; por otra parte, examinar, sentarse en el trono con toda la majestad de un juez, tener solamente que criticar y no producir, intervenir sólo cuando la víctima tropieza y hacerle saber que ha cometido un error, tener al estudiante sometido todo

---

[31] Palabra que toma el nombre de Perrin Dandin, un personaje de *Los litigantes*, de Racine, que satiriza la querulomanía o manía litigante, es decir, la manía de presentar constantemente quejas, denuncias o contenciosos legales por escrito.

un año al saludable terror de un examen que se acerca, recordarle que podría necesitar su ayuda y que no debe desagradar a su profesor, todo esto es muy agradable y compensa muchas de las preocupaciones de la profesión docente. La *manía examinatoria* procede en parte del terror a ser examinado uno mismo, y en parte del placer de examinar a otros.

Todo esto es cierto, pero hay algo más. El desarrollo temprano del talento precoz y la originalidad es lo que, extrañamente, más aterroriza a estos maníacos de la examinación. Sienten verdadero horror por el hombre autodidacta. Les aterroriza cualquiera que se atreva a pensar por sí mismo y a investigar por sí mismo a los veinticinco años de edad. Quieren, como una gallina vieja, empollar la mente joven tanto tiempo como sea posible. No dejan que se yerga sobre sus propias piernas hasta muy tarde y hasta que, me tomo la licencia de decir, sus miembros están ya definitivamente atrofiados. No digo que estén del todo equivocados. El hombre autodidacta puede ser un vano, orgulloso, un tipo engreído que disfruta pensando por sí mismo y al que le encanta despreciar los pensamientos de los demás. Pero no es menos cierto que es entre estos hombres autodidactas donde encontramos los espíritus vigorosos que se aventuran con audacia más allá del dominio del conocimiento humano y amplían sus fronteras. La pregunta entonces es qué es mejor: favorecer a todos estos problemáticos autodidactas con la esperanza de encontrar algunos buenos entre ellos, o contrariar y contener a los malvados autodidactas, acabando también así con los buenos. Yo estoy absolutamente a favor de la primera de estas alternativas. Es mejor dejar que todos sigan su propio camino aun a riesgo de que quienes aspiren en falso a la originalidad se descarríen, algo que por cierto no me preocupa gran cosa. Así las mentes que son verdaderamente originales se desarrollarán y encontrarán una vía para dar rienda suelta a todo su potencial.

Pero aquí —tomen nota de cómo el espíritu democrático irrumpe en todas partes— se plantea la cuestión numérica. «Son diez veces más numerosos —me comentan— los pretendientes a la originalidad a los que salvamos de sí mismos mediante la disciplina que los auténticos genios cuyas alas cortamos».

Yo respondo que, en materia intelectual, la cuestión numérica no es relevante. Un espíritu original estrangulado es una pérdida que no se compensa rescatando a diez necios de los peores excesos de la locura. Un espíritu original al que se deja libre vale más que diez locos cuya locura se restringe en parte.

Nietzsche lo dijo muy bien: «La educación moderna consiste en sofocar lo excepcional en beneficio de la normal. Consiste en desviar la mente de lo excepcional y canalizarla hacia lo mediano». Esto no debería ser así. No digo que la educación deba hacer justo lo contrario. ¡Oh, no! ¡Nada de eso! No corresponde a la educación buscar el genio excepcional ni ayudar a su creación. El genio excepcional nace de sí mismo y no necesita semejante asistencia. Pero corresponde mucho menos a la educación mirar lo excepcional con terror y adoptar todos los medios posibles, incluso los más bárbaros y meticulosos, para impedir que salga a la luz cuanto antes.

La educación debería extraer todo lo que pueda de la mediocridad y respetar la originalidad tanto como le sea posible. Jamás debería intentar convertir la mediocridad en originalidad, ni reducir la originalidad al nivel de la mediocridad. Y ¿cómo puede hacer todo esto? Mediante una intervención que sea siempre discreta y, en ocasiones, mediante la no intervención.

En la actualidad, su política está tan alejada de la no intervención como de la intervención discreta.

Es así como la propia institución que hemos creado para salvaguardar la aptitud contribuye en gran medida a que triunfe lo contrario. Estas víctimas de los exámenes son aptas en cuanto a conocimientos, instrucción y técnica. Son a menudo incompetentes en cuanto a valor intelectual y moral, aunque quizá no tan a menudo como antes.

En cuanto a su valor intelectual, es muy frecuente que no tengan iniciativa mental. La suya ha sido aplacada, escondida y pisoteada. Si alguna vez existió, ahora ya ha dejado de hacerlo. No son más que instrumentos durante toda su vida. Les han enseñado muchas cosas, pero sobre todo obediencia intelectual. Continúan obedeciendo intelectualmente, sus cerebros funcionan como maquinarias bien construidas y bien lubricadas. «La diferencia entre la novela y el teatro —decía Brunetière— es que en el teatro los personajes actúan por sí mismos, mientras que en la novela se actúa a través de ellos». No sé si esto será cierto, pero del funcionario podríamos decir que la mayoría de las veces no piensa, sino que piensan por él.

El funcionario es también incompetente, aunque menos y con menor frecuencia, en lo que respecta a valor moral. Al ejercitarse en la obediencia intelectual, le han entrenado también para la obediencia moral, y está poco dispuesto a afirmar su independencia. Observen cómo todo tiende a este fin. Este método de cooptación de funcionarios por medio de la eliminación, como ya he dicho, sólo opera, como también he demostrado, al principio de la carrera del funcionario. De ahí en adelante el funcionario sólo dependerá del gobierno; toda su preparación durante diez años de educación ha sido diseñada para garantizar su absoluta dependencia del director que le asignen. Está bien; puede que esté incluso demasiado bien. Hubiera estado bien que la educación del funcionario le hubiese dejado, junto con una cierta originalidad intelectual, una pizca también de originalidad de carácter.

Hemos buscado muy concienzudamente, podría decir que hasta con admirable entusiasmo, algún otro remedio para los defectos de la democracia; algún otro remedio para su incompetencia. Se dice: «La masa es incompetente; si es así, es necesario instruirla. La educación primaria generalizada es la solución a todas las dificultades y la respuesta a todas las preguntas».

Los aristócratas se han divertido un poco a costa de este argumento. «Pero ¿cómo es esto? —exclaman— ¿Qué significa esta paradoja? Ustedes son demócratas y ello significa que atribuyen la excelencia política, la 'virtud política', como solíamos llamarla, a la masa, es decir, a la ignorancia. ¿Por qué entonces desean instruir a la masa, es decir, destruir la propia virtud que, según han demostrado ustedes, es la causa de su superioridad?» Los demócratas responden que la masa, incluso en su actual estado, es ya muy preferible a la aristocracia, y que lo será aún más cuando haya recibido instrucción. Resuelven la aparente contradicción mediante un argumento *a fortiori*.

En todo caso, los demócratas se pusieron a trabajar con toda su energía en la educación del pueblo. A consecuencia de ello, el pueblo está mucho mejor educado que antes, y me cuento entre los que consideran excelente este resultado; pero otro resultado es que el pueblo está atiborrado de ideas falsas, y esto resulta menos reconfortante.

Las antiguas repúblicas tenían sus demagogos, sus oradores, que inflamaban las peores cualidades del pueblo dedicándole palabras altisonantes y adulándolo. La gran democracia de los tiempos modernos tiene sus demagogos, que son sus profesores. Ellos proceden del pueblo, están orgullosos de pertenecer a él, algo por lo que nadie puede obviamente culparles, desconfían de todo lo que no sea el pueblo, están a muerte con el pueblo porque entre el pueblo son intelectuales de primera fila mientras que en cualquier otra parte su importancia es secundaria; y los hombres no aman al grupo al que pertenecen, sino al grupo del que son líderes. Son, por tanto, profundamente demócratas.

Hasta el momento, nada que no sea aceptable. Pero su sentimiento democrático es de tipo restringido, dado que ellos sólo están semieducados, o más bien (porque ¿quién está educado del todo o incluso bien educado?) porque sólo han recibido una educación rudimentaria. Una educación rudimentaria nos capacita tal vez para tener una idea, aunque sin duda nos hace incapaces de tener dos. El hombre de educación rudimentaria es siempre un hombre de una sola idea, y de una idea fija. Tiene pocas dudas. El sabio duda a menudo; el hombre ignorante, rara vez; el necio, nunca. El hombre de una sola idea resulta más o menos impermeable a cualquier proceso de razonamiento que sea ajeno a esa idea. Un autor indio ha dicho: «Uno puede convencer al sabio; puede convencer, con más dificultad, al ignorante; al semieducado, jamás».

De modo que nadie convence jamás al profesor. Se reafirma en sus convicciones al defenderlas, y todavía más al discutirlas. Es un prisionero de su doctrina. Él no siempre domina la doctrina con claridad, pero él es presa de esa doctrina. La ama con toda su alma, como un sacerdote a su religión, porque es la verdad, porque es hermosa, porque ha sido perseguida y porque significa la salvación del mundo. Él disfrutaría de su triunfo, pero anhela aún más convertirse en un mártir de su causa.

Él es un demócrata convencido y un demócrata sentimental. Sus convicciones están sólidamente fundadas en sus sentimientos, y sus sentimientos inflaman al rojo vivo sus convicciones. Sus convicciones lo llevan a hacer oídos sordos ante cualquier objeción, y sus sentimientos lo llenan de odio hacia su adversario. Para él, cualquiera que no sea un demócrata está equivocado y se convierte, además, en objeto de su odio. A sus ojos, la distancia entre él y el aristócrata es como la distancia entre la verdad y el error, entre el bien y el mal, entre el honor y la deshonra. El maestro de escuela es el vasallo fanático de la democracia.

Entonces, dado que él es un hombre de una sola idea, es simplista, y como es simplista sigue una lógica directa y la lleva hasta sus últimas consecuencias. Él va directo hasta donde su argumento le lleve. Una idea que no admite discusión ni cuestionamiento puede tener un recorrido muy largo en un corto espacio de tiempo. Y el profesor lleva todos sus principios democráticos a su conclusión lógica y natural.

Desarrolla estos principios y todo lo que implican por la fuerza de lo que él llama su «razón razonadora», y le parece no sólo natural sino saludable buscar su realización. Todo lo que hay de bueno en ese principio es bueno en sí mismo, y nadie salvo Montesquieu pudo llegar a creer que una institución pudiese acabar arruinada por excederse en el principio en que consiste su mérito.

El maestro, por tanto, deduce las consecuencias lógicas de los dos grandes principios democráticos: la soberanía de la nación y la igualdad; los deduce rigurosamente y llega a las siguientes conclusiones.

El pueblo es el único soberano. Por lo tanto, aunque *pueda haber* libertad individual y libertad de asociación, *sólo debería haber* libertad individual y libertad de asociación en la medida en que el pueblo lo permita. La libertad no puede y no debe ser nada más que algo tolerado por el pueblo soberano. El individuo puede pensar, hablar, escribir y actuar como le plazca, pero sólo en la medida en que se lo permita el pueblo, pues, si pudiera hacer estas cosas con libertad absoluta, o incluso con limitaciones que no viniesen impuestas por el pueblo, él mismo se convertiría en el poder soberano, o bien lo sería el poder capaz de fijar los límites de su libertad, y en ese caso la soberanía del pueblo desaparecería.

Esto nos lleva de nuevo a una simple definición: la libertad es el derecho a hacer lo que nos plazca dentro de los límites de la ley.

¿Y quién hace la ley? El pueblo. Entonces la libertad es el derecho a hacer todo lo que el pueblo nos permita hacer. Nada más; más allá de este punto comienza la soberanía del individuo y desaparece la soberanía del pueblo.

—Pero tener libertad únicamente para hacer lo que permita el pueblo implicaría ser igual de libre que en la época de Luis XIV. ¡Y eso no es ser libre en absoluto!

—En efecto. No habrá más libertad que la permitida por la ley. ¿Es que quieren ustedes ser libres contra la ley?

—Pero la ley puede ser tiránica. Es tiránica si es injusta.

—La ley tiene derecho a ser injusta. De lo contrario, la soberanía del pueblo estaría limitada, y no debe ser así.

—Las leyes fundamentales y constitucionales podrían diseñarse para limitar esta soberanía del pueblo y garantizar tales o cuales libertades para el individuo.

—¡Y entonces el pueblo estaría atado de pies y manos! ¡Se acabaría con la soberanía del pueblo! No, no se puede limitar al pueblo. La soberanía del pueblo es integral y debe dejarse intacta.

—Entonces ¿no habrá libertades individuales?

—Sólo las que el pueblo tolere.

—¿Ni siquiera libertad de asociación?

—Menos aún; pues una asociación es en sí misma una limitación de la soberanía nacional. Tiene sus propias leyes, algo que desde un punto de vista democrático es una incongruencia absurda y monstruosa. El derecho de asociación limita la soberanía nacional del mismo modo que lo haría una ciudad franca o un santuario o un refugio. Limita a la nación, la restringe, le niega el paso. Es un Estado dentro del Estado; donde existe asociación, surge al mismo tiempo una fuente de organización que no es el gran organismo de la voluntad popular. Es como un animal que viviese una especie de vida independiente dentro de otro animal más grande que él mismo y que, pese a vivir en su seno, fuese independiente de él. De hecho, sólo puede haber una asociación, la asociación de la nación, pues de lo contrario la soberanía de la nación se vería limitada, es decir, destruida. De modo que no puede haber libertad de asociación.

Existirán por supuesto asociaciones toleradas por el pueblo, pero su derecho a existir siempre será revocable y serán siempre

susceptibles de ser disueltas y destruidas. De lo contrario la soberanía nacional se vería obligada a abdicar, y no puede abdicar jamás.

—¡Ah! Pero existe una asociación, por lo menos, que hasta
cierto punto es sagrada y que la soberanía del pueblo está obligada a respetar. Me refiero a la familia. El padre es el cabeza de
familia, educa a sus hijos y los cría según su criterio hasta que se
hacen adultos.

—¡No, eso no puede ocurrir! Pues aquí tendríamos de nuevo
una limitación de la soberanía de la nación. El niño no pertenece a
su padre. Si así fuera, la soberanía del pueblo se detendría en el
umbral de cada casa, lo que significaría su desaparición en todas
partes. El niño, como el hombre, pertenece al pueblo. Le pertenece
en el sentido de que no debe formar parte de una asociación que
podría atreverse a pensar de forma diferente al pueblo, o tal vez
incluso a abrigar ideas contrarias al pensamiento del pueblo. Sería
en efecto peligroso dejar que nuestros futuros ciudadanos pasasen
veinte años al margen del pensamiento nacional, o lo que es lo
mismo, al margen de la comunidad. Imaginen cinco o seis abejas
criadas aparte, al margen de las leyes, los reglamentos y la constitución de la colmena; imaginen además que hubiese centenares
de estos grupos de abejas en la colmena. El resultado sería la des-
trucción de la colmena.

Es *sobre todo* en el seno de la familia donde debe prevalecer la
soberanía del pueblo. Debe por encima de todo negarse a reconocer la asociación de la familia y librar una guerra contra ella dondequiera que la encuentre. Debería permitir a los padres el derecho a abrazar a sus hijos, pero nada más. El derecho a educarlos
en ideas quizá contrarias a las de sus padres pertenece al pueblo,
que, aquí como en otros ámbitos, tal vez incluso más que en otros
ámbitos dado que los intereses en juego son más importantes,
debe ser absolutamente soberano.

De modo que esto es lo que el maestro de escuela, con una lógica implacable que me parece irresistible, deduce del principio de
la soberanía nacional.

Del principio de igualdad deduce lo siguiente: «Todos los
hombres son iguales por naturaleza y ante la ley». Es decir: para
que hubiera justicia, todos los hombres deberían ser iguales por

naturaleza; y, para que haya justicia, todos los hombres deben ser iguales ante la ley.

Sin embargo, como es obvio, no todos los hombres son iguales ante la ley, y tampoco son iguales por naturaleza. De modo que es necesario que lleguen a serlo.

No son iguales ante la ley. Parecen serlo, pero no lo son. El hombre rico, aun suponiendo que los magistrados sean estricta y perfectamente honestos, por el hecho de poder remunerar a los mejores procuradores, abogados y testigos, y también por el hecho de que su influencia intimida a todos aquellos que pudieran testificar en su contra, no es en todos los aspectos igual ante la ley que un hombre pobre.

Esta igualdad existe aún menos en presencia de esa unión de fuerzas sociales constituidas que llamamos sociedad. En este sentido, el hombre rico es el «hombre influyente»; el «hombre bien relacionado», el hombre de quien nadie depende pero al que nadie quiere enojar, contrariar, oponerse o molestar. Entre el hombre rico y el pobre hay, por muy iguales que finjamos que son ante la ley, la misma diferencia que entre el hombre que da órdenes y el hombre obligado a obedecer. La igualdad *real* en la sociedad, ante la sociedad e incluso ante la ley, sólo existe donde no hay ni ricos ni pobres.

Pero siempre habrá ricos y pobres, mientras la institución de la herencia permanezca. Pero la herencia puede abolirse.

Sí, pero, aunque acabemos con la herencia, seguirá habiendo ricos y pobres. El hombre que amase su fortuna con rapidez será relativamente más poderoso que el hombre que no la haya logrado aún, y quiero subrayar que, incluso cuando hayamos suprimido la herencia, el hijo del hombre poderoso será poderoso él también mientras su padre viva, así que incluso si acabamos con la herencia, algún privilegio, como por ejemplo el privilegio de nacimiento, seguirá existiendo y la igualdad seguirá sin existir.

Sólo hay un estado de cosas en el que la igualdad es posible, y es aquel en el que nadie posee ni puede adquirir nada. La única política social concebida de tal forma que nadie pueda poseer ni adquirir nada es la política de la comunidad de bienes, esto es, el comunismo o colectivismo. El colectivismo no tiene nada de extraordinario. El colectivismo es la igualdad, y la igualdad es el colectivismo; de lo contrario, nuestra igualdad no sería nada más que un fantasma y una hipocresía. Todo igualitario convencido y sincero y que se tome la molestia de pensar es necesariamente un colectivista. Bonald preguntó con ingenio: «¿Saben lo que es un deísta? Es un hombre que no ha vivido lo bastante como para ser ateo». Nosotros a su vez preguntamos: «¿Saben lo que es un demócrata anticolectivista? Es un hombre que no ha vivido lo suficiente para ser colectivista, o que, habiendo vivido el tiempo suficiente, nunca se ha tomado la molestia de reflexionar y comprender cuáles son las consecuencias necesarias de sus propios principios».

—*Pero* el colectivismo es una quimera, una utopía, algo imposible.

—Ciertamente es imposible, en el sentido de que el país que lo adoptase destruiría la fuente de toda iniciativa. Nadie haría un esfuerzo por mejorar su posición, puesto que nunca podría mejorarla. Todo el país se convertiría en una de esas «charcas de agua estancada» a las que se refería uno de nuestros ministros hace poco. Una vez que todos fuesen funcionarios, todos realizarían el ideal del funcionario descrito con esmero por los Goncourt: «El buen funcionario es el hombre que combina la pereza con la meticulosidad». Es una definición definitiva. El país que se reformase a sí mismo siguiendo este modelo sería conquistado al cabo de diez años por algún pueblo vecino más o menos ambicioso.

Eso no admite discusión; pero ¿qué es lo que demuestra? Que si el colectivismo resulta imposible es porque sólo sería posible si se implantase en todos los países al mismo tiempo. Muy bien, y para implantarlo en todos los países al mismo tiempo sólo se necesita una cosa, a saber, que no haya países distintos y separados y que deje de haber nacionalidades. Seguramente no rente establecer el colectivismo antes de abolir las nacionalidades, ya que, una vez establecido, no servirá para nada excepto para poner claramente de relieve la gran superioridad de los países que no hayan adoptado el colectivismo. Así las cosas, es necesario abolir las nacionalidades antes de poder implantar el colectivismo.

Ahora bien, si las naciones se organizan *naturalmente contra natura*,[32] si se organizan instintivamente de forma jerárquica, esto

---

[32] Es decir, contra esa naturaleza que, según el colectivista, hace a todos iguales. *[Ed. Ing.]*

es, aristocrática; si tienen líderes y subordinados, poderosos e inferiores, se debe a que esta organización es necesaria en un campamento, y cada nación siente que es un campamento. Si cada nación siente que es un campamento es simplemente porque hay otras naciones a su alrededor, y porque siente y sabe que hay otras alrededor. Si no hubiera otras naciones, cada nación dejaría de organizarse contra natura y pasaría a organizarse naturalmente, es decir, de forma igualitaria, aunque la naturaleza quizá no sea, estrictamente hablando, igualitaria, pero sí tiende hacia la igualdad en el sentido de que produce muchos más, de hecho infinitamente más, de los iguales que de los superiores.

De modo que la igualdad exige la abolición de la herencia y la igualdad de posesiones. La igualdad de posesiones requiere colectivismo, y el colectivismo requiere la abolición de las nacionalidades. Somos igualitarios, y por tanto colectivistas, y en consecuencia antipatriotas.

Así razonan la gran mayoría de maestros de escuela con absoluta lógica y, en mi opinión, irrefutable, con esa lógica que no tiene en cuenta los hechos y que sólo tiene en cuenta su propio principio y a sí misma. Así seguirán razonando mañana, si continúan, como es probable que continúen, siendo excelentes dialécticos.

¿Volverán sobre sus premisas y dirán que si la soberanía del pueblo y la igualdad conducen lógica y necesariamente a estas conclusiones puede que sea porque la soberanía del pueblo y la igualdad son ideas falsas, y porque estas conclusiones demuestran que son falsas? No es probable que se elija este camino, porque la soberanía del pueblo y el principio de igualdad son algo más que ideas generales: son sentimientos.

Son sentimientos que se han convertido en ideas, como sin duda es el caso de todas las ideas generales; y son sentimientos muy fuertes. La soberanía del pueblo es la verdad para quien cree en ella porque debe ser verdad, porque es algo tan lleno de majestad para él como lo era César con toda su pompa para el antiguo romano o Luis XIV en toda su gloria para el hombre del siglo XVII.

La igualdad es la verdad para el que cree en ella porque debe ser verdad, porque es la justicia y porque sería infame que la justicia no fuese también verdad. Para el demócrata, el mundo ha ido desarrollándose poco a poco, desde su creación, hacia la soberanía del pueblo y la doctrina de la igualdad; esta última contiene la primera, la primera está destinada a encontrar la segunda, y en esta misión reside su propósito en la vida; juntas constituyen la civilización y, de no alcanzarse ambas, se caería de nuevo en la barbarie.

Son dogmas de fe. Un dogma es un sentimiento sobrecogedor que ha encontrado expresión en una fórmula. Todo lo que se deduzca de estos dos dogmas sin faltar a la lógica es verdad, algo que es nuestro derecho y nuestro deber proclamar.

Debemos añadir que al maestro de escuela le apremian en esta misma dirección sentimientos de carácter menos general, que, no obstante, tienen una influencia propia. Se le coloca en su municipio en oposición directa al sacerdote, muy a menudo la única persona del lugar que, como él mismo, cuenta con cierta educación. De ahí la rivalidad y la lucha por la influencia. Ahora bien, el sacerdote, por una serie de incidentes históricos, es en ocasiones un partidario más o menos ardiente de la monarquía, pero casi siempre de la aristocracia. Es miembro de un cuerpo que una vez fue un estamento del Estado, y está convencido de que, pese a todo, su corporación sigue siendo un estamento del Estado. Si el orden existente está regulado por el Concordato, el orden existente reconoce su corporación como un órgano de poder del Estado, ya que lo trata en las mismas condiciones que a la magistratura o al ejército. Si el orden existente se basa en la separación del Estado y la Iglesia, su corporación le parece *aún más* un estamento del Estado, porque al venirle impuesta una actitud de solida organización, y al no reconocerse limitaciones de fronteras, se convierte en un personaje colectivo que, no sin peligro pero con cierto éxito, ha entrado a menudo en conflicto con el propio Estado.

Dado que el sacerdote pertenece por tanto a un orden dotado de una autoridad histórica que sin embargo es distinta y no deriva en modo alguno de la autoridad del pueblo, el sacerdote no puede dejar de adoptar, de forma más o menos definitiva y consciente, una mentalidad aristocrática.

El maestro de escuela, su rival, se ve entonces impelido de forma inevitable a adoptar los principios democráticos, y los abraza con un fervor que incluye tanta envidia como convicción. Significan incluso más para él que para un filósofo del siglo XVIII, porque tiene un interés personal mucho mayor en creer en ellos: el interés de la aversión y la animosidad personales, pues él cree que todo lo que enseña el sacerdote es una pura invención de ingeniosos opresores que quieren esclavizar al pueblo para consolidar su propia tiranía, y esa es su razón para profesar ideas filosóficas rescatadas de las enseñanzas de Diderot y Holbach. Para el maestro de escuela es casi inconcebible que el sacerdote sea algo distinto de un bribón.

«El ateísmo es aristocrático», decía Robespierre pensando en Rousseau. El ateísmo es democrático, dicen nuestros actuales maestros de escuela. ¿De dónde viene esta divergencia de opiniones? En primer lugar, porque el libertinaje estaba de moda entre los grandes señores del siglo XVIII, pero entre el pueblo la creencia en Dios era unánime. En segundo lugar, porque los sacerdotes de nuestros días, por las razones que he mencionado y porque se acuerdan de las persecuciones sufridas por su Iglesia durante los primeros triunfos de la democracia, han *seguido siendo* aristócratas o *se han hecho* aún más firmes defensores de la aristocracia de lo que nunca lo fueron. De modo que el ateísmo se ha hecho democrático como un arma contra los deístas, que son generalmente aristócratas.

Además, el ateísmo encaja muy bien, pese a lo que pudiese creer Robespierre, con los sentimientos generales de la mezquina demagogia. No ser restringido por nada, no ser limitado por nada, esa es la idea dominante del pueblo, o más bien la idea dominante del demócrata para el pueblo: que nada debe restringir ni limitar su poder soberano. Ahora bien, Dios es un límite; Dios es una restricción. Y del mismo modo que el demócrata no está dispuesto a admitir una constitución secular que el pueblo no pueda destruir y que le impida hacer malas leyes; del mismo modo que el demócrata no está dispuesto a someterse —si adoptamos la terminología de Aristóteles— al imperio de las *leyes*, es decir, a ser gobernado por una antigua estructura legal que sirva de contrapeso al pueblo e interfiera en su dictado diario de *decretos*; por esa misma razón el demócrata no está dispuesto a admitir un Dios que ha dictado sus mandamientos, que ha establecido una estructura legal anterior y superior a todas las leyes y a todos los decretos de los hombres y que fija un límite a las excentricidades legislativas del pueblo, a su caprichosa omnipotencia; en una palabra, a la soberanía del pueblo.

Después de la batalla de Sedán, a Bismarck le preguntaron: «Ahora que Napoleón ha caído, ¿contra quién hace usted la guerra?» Él respondió: «Contra Luis XIV». El demócrata, por su parte, al ser interrogado por su ateísmo, podría responder: «Hago la guerra contra Moisés».

Este es el origen del ateísmo de los demócratas y de los profesores. Este es el origen de la fórmula: «Ni Dios ni amo», que para el anarquista no requiere corrección ni suplemento, pero que para el demócrata sólo requiere una modificación: «Ni Dios ni amo, salvo el pueblo».

Al final de uno de sus grandes discursos políticos de 1849 o 1850, Victor Hugo dijo: «...y [en el futuro] no habrá más que dos poderes: el pueblo y Dios». El demócrata moderno se ha convencido a sí mismo de que, si hay un Dios, atenta contra la soberanía del pueblo creer en él. Por último, el maestro de escuela ve confirmado su sentimiento democrático, todos sus sentimientos democráticos, por la posición política que se ha creado para él en Francia. Es una cosa extraña, una anomalía desconcertante, que los gobiernos del siglo XIX (sobre todo, debemos hacerle justicia, el actual gobierno) hayan respetado con gran generosidad la libertad de los profesores de educación secundaria y superior, y que no hayan respetado ni lo más mínimo la libertad de los maestros del pueblo.[33] El profesor de educación superior, especialmente a partir de 1870, puede enseñar exactamente lo que le plazca, excepto la inmoralidad y el desprecio por nuestro país y sus leyes. Puede incluso discutir nuestras leyes, siempre que mantenga el principio de que deben ser obedecidas tal como están hasta que sean derogadas. Su libertad en lo que se refiere a sus opiniones políticas, sociales y religiosas es completa. Sólo se ve limitada en ocasiones por las manifestaciones tumultuosas de sus estudiantes. El profesor de educación secundaria goza de una libertad casi igual de amplia. Está sometido, pero sólo en sentido amplio, a un programa o plan de estudios. En cuanto a la mentalidad que imprime en su trabajo, prácticamente nunca se le molesta. Se confía en él.

Ni se le ha ocurrido jamás a ningún gobierno preguntarle a un

---

[33] Se refiere a los maestros de educación primaria.

profesor de educación secundaria o superior por su voto en las elecciones, ni mucho menos exigirle hacer campaña a favor de candidatos que agraden al gobierno.

No obstante, cuando pasamos a la educación primaria vemos que todo ha cambiado. El profesor de primaria no es nombrado por su jefe natural, el rector o ministro de Educación Pública, sino por el prefecto, es decir, por el ministro del Interior, el jefe político del gobierno. En otras palabras, es el mismo proceso que para el nombramiento de funcionarios por parte del pueblo descrito hace unas pocas páginas, pero con un intermediario menos. El ministro del Interior es quien representa principalmente la voluntad política de la nación en cualquier momento dado. Y es el ministro del Interior el que, a través de sus prefectos, nombra al maestro de escuela primaria. Es por tanto la voluntad política de la nación la que elige a los maestros de escuela. Sería imposible transmitirles con más claridad (lo que está bien, pues a la gente hay que hacerle comprender sus funciones) que son elegidos por consideraciones políticas y que deben considerarse a sí mismos agentes políticos.

Y de hecho no son nada más, o quizá deberíamos decir que sí son algo más pero que, por encima de todo, son políticos. Los maestros y profesores dependen de los prefectos, y los prefectos dependen bastante de los diputados, pues, aunque no son nombrados por los diputados, éstos pueden trasladarlos, pueden hacer que promocionen o que caigan en desgracia, o mediante traslados constantes pueden hacer que se mueran de hambre, etc. «¡Oh!», podría exclamar una persona cándida. Dada la difícil y delicada situación en la que les sitúa la mano que les designa, deberían al menos contar con la garantía y la seguridad, por muy relativa e ineficaz que sea, de ser inamovibles. Pero no cuentan con ella. Los profesores de educación superior, que no la necesitan, cuentan con ella; los profesores de educación secundaria, a todos los efectos, cuentan también con ella. El maestro de escuela primaria no.

De modo que él está en manos de los políticos, que hacen de él un agente electoral, que lo consideran como tal, y que jamás le perdonarían si les fallase. El resultado es que la mayoría de los maestros de escuela son demagogos por voluntad propia, y con una pasión y un entusiasmo admirables. Los pocos que no sienten inclinación por la demagogia son demagogos a su pesar, forzados por la necesidad.

Incluso los que no tienen ninguna disposición a serlo se convierten finalmente en demagogos, pues así son las cosas. «En el calor de la refriega —dejó dicho Augier— no hay mercenarios». Nuestros maestros de escuela, arrojados, a veces contra su voluntad, a la batalla, obligados como mínimo a hacer que luchan, reciben golpes y, cuando los han recibido, se adhieren a la causa en cuyo nombre han sufrido. Siempre acabamos teniendo las opiniones que se nos atribuyen, y, dado que al joven maestro, desde el momento en que llega a su pueblo y sin que se atreva a decir lo contrario, lo toman por demagogo, y como tal lo recibe muy mal el partido de la oposición, se convierte de manera natural en demagogo y al cabo de un año ya muestra cierta convicción.

De modo que la democracia no recibe ninguna instrucción que no la confirme y la refuerce en sus errores. Por su bien alguien debería enseñarle a no creerse omnipotente, a tener escrúpulos con respecto a su omnipotencia y a creer que esa omnipotencia debería tener límites definidos; por el contrario, se le enseña sin reservas el dogma de la soberanía ilimitada del pueblo.

Por su bien debería creer que la igualdad es tan contraria a la naturaleza que no tenemos derecho a torturar a la naturaleza para implantar una «igualdad real» entre los hombres, y que el pueblo ha establecido tal estado de cosas que es muy posible que acabe sucumbiendo al destino que espera a aquellos que tratan de vivir en oposición directa a las leyes de la naturaleza. Por el contrario, se le enseña, y es bastante cierto, que la igualdad no es posible si no es completa, si no es integral, que debe aplicarse a las diferencias de fortuna, posición social, inteligencia, quizá incluso a nuestra estatura y apariencia personal, y que no deben escatimarse esfuerzos para llegar a una igualdad absoluta.

Por su bien, dado que es bastante natural que a uno le disgusten los impuestos elevados, deberían reforzarse los sentimientos patrióticos; se enseña por el contrario que el servicio militar es un legado doloroso de un pasado odioso y bárbaro, y que debería desaparecer muy pronto ante el influjo de una civilización pacífica.

En una palabra, por decirlo en palabras de Aristóteles, se embriaga al pueblo con el vino puro de la democracia, igual que

146

hacían los demagogos con los atenienses; y el lugar del que debería proceder el remedio [de la educación] es el origen de la intoxicación.

El propio Aristóteles hizo otra observación sabia y profunda sobre la cuestión de la igualdad: «Debemos implantar la igualdad —dijo— entre las pasiones de los hombres, y no entre sus fortunas». Y añade: «Y esta igualdad sólo puede ser el fruto de la educación que viene dada por las leyes». Esta es sin duda la cuestión. La educación no debería tener más que un objetivo; hacer que las pasiones se igualen, que sean *ecuánimes*, que tengan cierto equilibrio anímico. La educación que se da a la democracia moderna no va en esta dirección, sino justo en la contraria.

CAPÍTULO XII
EL SUEÑO

¿Qué remedios podemos aplicar a esta enfermedad moderna, el culto a la incompetencia moral e intelectual? ¿Cuál es, en palabras del Sr. Fouillée, la mejor forma de evitar los escollos que amenazan a las democracias? Es difícil saberlo, porque tenemos que vérnoslas con un mal que sólo puede curarse a sí mismo, con un mal que está más que satisfecho de sí mismo.

El Sr. Fouillée (en la *Revue des Deux Mondes* de 15 de noviembre de 1909) propone una Cámara Alta aristocrática, es decir, una que representase todo el talento del país, en la medida en que sería nombrada por todas las instituciones del país que representan alguna forma particular de excelencia: la magistratura, el ejército, la universidad, las cámaras de comercio, y así sucesivamente.

No se me ocurre mejor iniciativa; pero sería necesario que la democracia estuviese de acuerdo con ella, y es precisamente de estos grupos de personas competentes de los que la democracia se defiende, pues los considera, en cierto sentido y no sin razón, una especie de aristocracias.

Fouillée también propone una intervención enérgica por parte del Estado para restaurar la moralidad pública: acciones para acabar con el alcoholismo, el juego y la pornografía.

Más allá del hecho de que su argumento tenga cierto aroma reaccionario, pues nos recuerda al programa de «orden moral» de 1873, debemos destacar, como de hecho reconoce el propio Sr. Fouillée, que el Estado democrático no puede permitirse matar aquello que le permite vivir, destruir su principal fuente de ingresos. La democracia, como han admitido sus representantes más autorizados, «no es una forma de gobierno demasiado barata». Siempre se ha instituido con la esperanza, y en parte con el diseño expreso, de ser un gobierno económico, y ha sido siempre ruinoso, porque requiere un número mucho mayor de partidarios y un menor número de desafectos que otras formas de gobierno, y estos partidarios deben ser remunerados de una forma u otra, mientras que los desafectos deben ser silenciados y comprados de una forma u otra.

La democracia, ya sea antigua o moderna, vive siempre instalada en el terror a un posible tirano que ella siempre imagina como inminente. Para contrarrestar a este posible tirano que gobernaría con una minoría enérgica, la democracia requiere de una inmensa mayoría que tiene que vincular a sí misma mediante la concesión de favores varios; también debe apartar al tirano de los desafectos que se convertirían en sus seguidores si no se les desarmase mediante una distribución aún más fastuosa de favores.

De modo que la democracia requiere de una gran cantidad de dinero. Lo encontrará despojando a los ricos tanto como sea posible; pero se trata de una fuente muy limitada de ingresos, pues los ricos no son una clase numerosa. Lo encontrará más fácilmente, y también más abundantemente, explotando los vicios de todos, pues «todos» representa un grupo muy numeroso. De ahí la complacencia mostrada con los «cabarets», «cuyo cierre le resultaría más peligroso al gobierno que cerrar las iglesias», como comenta el Sr. Fouillée. A medida que aumenten las necesidades del gobierno, tal y como predice el Sr. Fouillée, sin dudarlo demasiado reclamará el monopolio sobre las casas de mala fama y la publicación de literatura indecente, negocios con los que «hacer fortuna». Y, después de todo, tolerar tales actividades para el beneficio de algunos comerciantes o apropiarse de ellas en beneficio del Estado resulta prácticamente equivalente desde el punto de vista moral. Y la operación financiera sería mucho más beneficiosa en el segundo caso que en el primero.

El Sr. Fouillée argumenta también que la reforma debe venir «desde arriba y no desde abajo», y que «el movimiento de regeneración puede venir desde arriba y no desde abajo».

No pido nada mejor, pero me pregunto cómo va a llevarse a cabo. En la medida en que todo, absolutamente todo, depende del pueblo, ¿quién o qué puede influir en el pueblo excepto el propio pueblo? Todo depende del pueblo; entonces ¿qué puede moverlo excepto una fuerza intrínseca? Aquí nos enfrentamos —puesto que hablamos con un filósofo, podemos hacer uso de estos términos— con un κινητός ακίνητος (kinitós akínitos), con una fuerza motora que causa pero no recibe movimiento.[34]

Un principio ha desaparecido, un prejuicio si prefieren llamarlo así: el prejuicio a favor de la aptitud. Hemos dejado de creer que el hombre que sabe hacer una cosa debería estar haciendo esa cosa, o debería ser elegido para hacerla. Por lo tanto, no es sólo que todo esté mal administrado, sino que parece imposible ocuparse efectivamente de la cuestión mediante mecanismo alguno. No vemos ninguna solución.

Nietzsche siente verdadero horror por la democracia; al igual que todos los pesimistas enérgicos que no son meros charlatanes,[35] solía decir de vez en cuando: «Hay pesimistas, resignados, cobardes. No queremos ser de esos». Y, cuando no quería serlo, se convencía para observar la democracia con buenos ojos.

En ocasiones, observando el asunto desde un punto de vista estético, solía decir: «Frecuentar al pueblo es imprescindible, es como contemplar una vegetación tupida y sana», y aunque esto está en flagrante contradicción con todo lo que dijo en otras partes sobre la «manada bestial» y los «habitantes de la ciénaga», la idea tiene cierto sentido. Significa que el instinto es una fuerza, y que toda fuerza es interesante de estudiar; y además que, como tal, contiene una virtud activa, un principio de vida, un núcleo de crecimiento.

Es posible, aunque es poco claro. Después de todo, la masa sólo es poderosa porque es numerosa y porque se ha decidido que lo decisivo sea el número. Es un recurso; pero un recurso no puede dotar de fuerza real a algo que no la tenga de suyo. La propulsión, la iniciativa, pertenece al hombre que tiene un plan, que

---

[34] El *motor inmóvil* de Aristóteles.
[35] El término original es «pococurante», acuñado por Voltaire en su *Cándido* a partir del italiano *poco curante* (que se preocupa poco) para dar nombre a un senador caradura.

se conjura para conseguirlo, que persevera y es paciente y no renuncia a lograrlo. Si es precisamente a ese hombre al que se elimina, al que se reduce a la impotencia o a la mínima utilidad, no se ve el modo en que la masa, sin él, podría obtener la fuerza motora. Sería necesario explicarlo mejor.

En otro momento, Nietzsche pregunta si no deberíamos respetar el derecho de la multitud a regirse —en diverso grados— por un ideal que, al fin y al cabo, le es propio. ¿Debemos negarle a las masas el derecho a buscar la verdad por sí mismas, el derecho a creer que la han encontrado cuando llegan a una fe que les parece vital, una fe que es para ellas como su propia vida? Las masas son la base de toda humanidad, la base de toda cultura. Privados de ellas, ¿qué sería de los amos? Es por su propio bien que las masas deberían ser felices. Seamos pacientes; debemos conceder a nuestros esclavos insurgentes, a nuestros amos por el momento, el disfrute de las ilusiones que les parecen favorables.

Nietzsche sostiene con mucha más frecuencia, pues vuelve en varias ocasiones sobre esta idea guiado por su habitual tendencia aristocrática, que la democracia es una forma de decadencia, como una condición necesaria del advenimiento de una futura aristocracia. «Una civilización elevada sólo puede construirse sobre un territorio amplio, sobre una mediocridad saludable y firmemente consolidada» {Así escribía en 1887. Diez años antes sostenía que la esclavitud había sido la condición necesaria de la alta cultura en Grecia y Roma}. Por tanto, el único fin que podemos esperar en la actualidad, por supuesto provisionalmente pero todavía durante mucho tiempo, es la decadencia del hombre, la decadencia general hacia la mediocridad, pues es necesario contar con una base amplia sobre la que pueda criarse una estirpe de hombres fuertes. «La decadencia del hombre europeo es el gran proceso que no podemos impedir, que deberíamos más bien acelerar. Es la fuerza activa en marcha que nos permite albergar la esperanza de ver el surgimiento de una raza más fuerte, una raza que posea en abundancia las cualidades de las que carece la especie decadente: fuerza de voluntad, responsabilidad, certeza, determinación...».

¿Pero cómo de esta mediocridad de la masa, una mediocridad que, como dice Nietzsche, no para de crecer, por medio de qué proceso natural o artificial puede surgir de ella una nueva raza de élite? Nietzsche parece estar acordándose de la teoría, muy irrespetuosa y carente de piedad filial, mediante la que Renan intentaba explicar su propio genio. «Una larga serie de oscuros antepasados —dice él— me ha legado los vigores intelectuales», y anota en su libreta estas «reflexiones» todavía sin madurar, aunque aportan algo de luz. «Es absurdo —dice— imaginar que esta victoria o supervivencia de los valores (parece referirse a los valores bajos, a valores que parecen ser mediocres) pueda ser antibiológica: debemos buscar una explicación en el hecho de que probablemente sea de vital importancia para el mantenimiento del 'hombre' tipo, aunque se logre mediante la preponderancia de los débiles y los desheredados. Es posible que, si las cosas hubieran sido de otra manera, el hombre sería ya un animal extinto. La elevación del tipo es peligrosa para la preservación de la especie. ¿Por qué? *Porque las razas fuertes son razas pródigas; nos encontramos aquí ante un problema de economía*».

Percibimos en esta secuencia de razonamiento algún indicio de lo que Nietzsche formula o intenta formular como solución a esta misma dificultad. Se trata de un proceso natural; es una especie de *vis medicatrix naturae*.[36] En el proceso de declive y caída, las razas practican una especie de ahorro; ahorran y economizan. Y asumiendo que la cantidad de energía, de potencia intelectual y de potencia moral, de valores humanos, es constante en la humanidad, las razas que actúan así están creando en su seno una reserva que algún día se encarnará necesariamente en una élite. Están creando en su seno una élite que emergerá algún día; han concebido, sin saberlo, una aristocracia que un día nacerá para dominarlos.

Siempre encontramos en Nietzsche la teoría de Schopenhauer, la teoría del gran tramposo que engaña a la raza humana y la lleva a hacer, y con gusto, aquello que no haría jamás si supiese hacia dónde la estaban conduciendo. Es muy posible; no obstante sigue siendo cierto que la economía llevada al extremo, aunque pueda dar de sí una reserva de fuerza, también puede conducir, y quizá

---

[36] La fuerza curativa de la naturaleza; se trata de la forma latina de aludir a la conocida frase de Hipócrates, que decía que en realidad es la naturaleza la que cura las enfermedades.

con mucha más seguridad, a una situación anémica; aniquilar a las élites actuales para allanar el camino a las élites futuras no sé si es un juego inspirado por el gran tramposo, pero es un juego que me parece peligroso. Debemos estar seguros (y ¿quién está seguro?) de que el gran tramposo no abandona a quienes se abandonan a sí mismos.

A menudo he dicho, sin pensar en ninguna mitología metafísica, pensando de hecho en las personas ambiciosas que nos encontramos en todas partes y en darles algún buen consejo: «La mejor manera de llegar es descender».

—No hay nada más filosófico —me respondería Nietzsche—; es aún más cierto para los pueblos que para los individuos: la mejor forma de que un pueblo llegue a ser grande algún día es comenzando por reducir su tamaño.

—Tengo alguna duda. No hay ninguna razón verdaderamente sólida que apoye la teoría de que la debilidad cultivada con perseverancia devenga en fuerza. Ni Grecia ni Roma proporcionan ejemplos de ello; ni la república democrática de Atenas ni el cesarismo democrático de Roma lograron jamás dar a luz a una aristocracia mediante una prolongada economía de valores.

—No les dio tiempo.

—Uno siempre puede decir eso.

Tal vez sería mejor tratar de embridar la democracia que fomentar este proceso de decadencia confiando en una resurrección. Al menos este es el camino que viene a la mente de manera más natural y que se parece más al deber.

Cuando digo embridar la democracia debe entenderse que me refiero a que debería embridarse ella misma, pues nadie más puede detenerla una vez que ha tomado consciencia de sí misma. Lo único que se puede hacer con la democracia es intentar persuadirla, y hasta la persuasión es una experiencia temeraria, pues no le gusta que la convenzan de nada que no sea su propia confianza en sí misma. Lo único que se puede hacer es intentar persuadirla porque cualquier otro método resultaría aún más inútil.

Hay que recordarle que las formas de gobierno perecen por el abandono y también por la exageración del principio en que consiste su mérito, aunque se trate de una máxima muy anticuada; que perecen por el abandono de su principio porque ese principio es la razón histórica de que hayan llegado a existir, y perecen por excederse en su principio porque no existe tal cosa como un principio que sea absolutamente bueno y suficiente en sí mismo para regular la complejidad de la maquinaria social.

¿Qué entendemos por el principio de un gobierno? No es aquello que lo hace ser una cosa u otra, sino aquello «que lo hace actuar» de una forma en concreto, como ha señalado Montesquieu; es decir, se refiere a «las pasiones humanas que lo hacen moverse». Es por tanto evidente que la pasión por la soberanía, por la igualdad o por la incompetencia no es suficiente para dar a un gobierno una vida completa y fuerte.

Es necesario dar a la aptitud el papel que le corresponde, o más bien hace falta darle *alguna* importancia, porque no es mi intención argumentar que se trate de un derecho, sino que más bien afirmo que se trata simplemente de una necesidad social. Es necesario que la aptitud técnica, intelectual y moral desempeñe algún papel, que se limite la soberanía del pueblo y que se acote el principio de igualdad.

Un elemento democrático es una necesidad elemental para un pueblo; lo mismo ocurre con un elemento aristocrático.

Un elemento democrático es una necesidad elemental para que el pueblo no se sienta un mero espectador, para que se sienta parte, y parte importante, del cuerpo social y para que las palabras «la nación eres tú, defiéndela» signifiquen algo. En caso contrario, el argumento de los demagogos antipatriotas sería cierto: «¿qué hay de bueno en luchar por un grupo de amos contra otro si no cambiará nada salvo la identidad de los amos?».

Se requiere un elemento democrático en el gobierno de un pueblo porque sería muy peligroso que el pueblo fuese un enigma. Es necesario saber lo que piensa, lo que siente, lo que sufre, lo que desea, lo que teme y lo que espera, y, como sólo puede saberse a través del propio pueblo, es necesario que tenga una voz que pueda hacerse oír.

De un modo u otro se le debe dar voz, ya sea a través de una Cámara propia dotada de gran autoridad, o mediante la presencia de un número considerable de representantes del pueblo en una Cámara única, o por plebiscitos constitucionalmente instituidos como necesarios para revisar la Constitución y las leyes de interés universal, o mediante la libertad de prensa y las libertades de asociación y reunión. Puede que esto no fuese suficiente, pero sería casi suficiente. Es necesario que el pueblo pueda dar a conocer sus deseos e influir en las decisiones del gobierno; en una palabra, su voz debe ser *oída* y debe ser *escuchada*.

Un elemento aristocrático es también necesario en un país y en el gobierno de una nación para que todo lo que admite precisión no se vea sofocado por lo que es confuso; para que lo que es exacto no sea oscurecido por lo que es vago, y para que su determinación no se vea perturbada por veleidades caprichosas o incoherentes.

A veces es la propia historia la que crea una aristocracia, y es una feliz circunstancia. Forma una casta más o menos cerrada, tiene tradiciones, tradiciones más conservadoras de las leyes que las propias leyes, y encarna en sí misma todo lo que hay de vida, energía y crecimiento en el alma de un pueblo. A veces la historia no nos ha brindado una aristocracia, o la que nos ha brindado ha desaparecido. Es entonces cuando un pueblo debe extraer de sí mismo una aristocracia, es entonces cuando la democracia debe dotarse de, y saber conservar, las elevadas cualidades de los hombres que han prestado sus servicios al Estado o cuyos antepasados han prestado sus servicios al Estado, que tienen una cualificación específica para la tarea a realizar y el valor moral para toda clase de servicio público.

Estas cualidades constituyen la capacidad adquirida por una aristocracia para participar en el gobierno; estas cualidades constituyen su adaptación a su entorno social y a su especial función tanto en la maquinaria social como en su organización. Se podría decir que es mediante estas cualidades que *entra y se convierte en parte del organismo del que es sustrato*. Como ha señalado con acierto John Stuart Mill, «no podemos tener una democracia inteligente si la democracia no está de acuerdo en que el trabajo que requiere de conocimientos lo haga quien los tiene».

Lo que se necesitaba entonces y será siempre necesario, incluso bajo el socialismo, en el que, como he señalado, seguirá habiendo una aristocracia, aunque una más numerosa, es una mezcla de democracia y aristocracia; y aquí, aunque lo escribió hace mucho tiempo, descubriremos que Aristóteles siempre tiene razón, porque estudió con espíritu científico unas ciento cincuenta constituciones diferentes.

Como hemos visto, Aristóteles es abiertamente favorable a la aristocracia, pero sus conclusiones finales, tanto si hablaba de Lacedemonia, que no le gustaba, como de Cartago o en términos generales, estaban siempre a favor de las constituciones mixtas como las mejores en todo caso. «Hay —dice— un modo de combinar democracia y aristocracia que consiste en organizar las cosas de forma que tanto los ciudadanos distinguidos como las masas tengan lo que quieren. El derecho de todo hombre a aspirar a un cargo magisterial es un principio democrático, pero la admisión exclusiva de ciudadanos distinguidos es un principio aristocrático».

Esta mezcla entre democracia y aristocracia forja una buena constitución, pero la unión no debe ser una mera yuxtaposición que sólo serviría para poner en contacto elementos hostiles. He dicho «mezcla», y debería haber dicho «combinación». Lo que necesitamos es que se combinen aristocracia y democracia en la gestión de los asuntos públicos.

¿Cómo? Bueno, durante muchos años he estado diciendo que espero vivir muchos años más para repetirlo una vez más. Un pueblo sano es aquel en el que la aristocracia es «demófila» y el pueblo es aristocrático. Todos los pueblos en los que la aristocracia es aristocrática y en los que la democracia es democrática son pueblos destinados a perecer con rapidez, y ello porque no entienden lo que es un pueblo, sólo saben lo que es una clase, y puede que ni siquiera eso.

Montesquieu tiene en alta estima a los atenienses y a los romanos por la siguiente razón: «En Roma, a pesar de que el pueblo tuviera el derecho a elevar a los plebeyos a los cargos públicos, no podía decidirse a elegirlos; y aunque en Atenas la ley de Arístides permitía nombrar magistrados de todas las clases sociales, según Jenofonte no ocurrió nunca que el pueblo llano pidiera los cargos que pudieran afectar a su salvación o a su gloria».

Las dos instancias son idénticas; sólo que, en lo que se refiere a Atenas, no significa nada, pues en Atenas todo se decidía a través de plebiscitos y, en consecuencia, los verdaderos gobernantes de Atenas eran los oradores en los que confiaba el pueblo, que aplicaban sus decisiones y en realidad gobernaban la ciudad. En Roma, el hecho es de gran importancia ya que eran los magistrados electos quienes gobernaban.

La Roma republicana era en efecto un país gobernado de forma aristocrática que tenía, no obstante, un elemento democrático en su constitución, y este elemento democrático, hasta la época de las guerras civiles, era en sí profundamente aristocrático, del mismo modo que la aristocracia, que siempre estaba abierta al ascenso de los miembros de la plebe, era profundamente «demófila».

La institución clientelar,[37] por muy degenerada que llegase a estar, es un fenómeno, en mi opinión, casi único. Muestra hasta qué punto dos clases sintieron la necesidad social, la necesidad patriótica de apoyo mutuo y de reconocimiento de una identidad de intereses. Una nación cuyo pueblo es aristocrático y cuya aristocracia es «demófila» es una nación sana. Roma tuvo éxito en el mundo porque durante quinientos años disfrutó de esta salud social.

Un pueblo aristocrático y una aristocracia amante del pueblo. Durante mucho tiempo había creído que la fórmula era de mi propia cosecha. Acabo de descubrir, y no me sorprende en absoluto, que Aristóteles se me adelantó. Cita el juramento que prestaban los oligarcas en algunas ciudades: «Juro ser siempre el enemigo del pueblo y no aconsejar jamás nada que no esté seguro de que sea perjudicial para ellos» «Esto —continúa— es lo contrario de lo que deberían hacer o fingir hacer... Es un error político que cometen a menudo las oligarquías y también las democracias, y, allí donde la multitud tiene el control de las leyes, los demagogos cometen este error. En su lucha contra los ricos, siempre dividen el Estado en dos partidos opuestos. *En una democracia, por el contrario, lo necesario es que el gobierno dé la impresión de hablar para los ricos, y en las oligarquías lo que hace falta es que dé la impresión de hablar en favor del pueblo».*

Es un consejo maquiavélico. Aristóteles parece convencido de

---

[37] Pacto de carácter privado por el que un miembro de un rango socioeconómico inferior (el cliente) se ponía bajo el patrocinio de otro de un rango superior (el patrón), con una serie de obligaciones por ambas partes que podríamos resumir como fidelidad a cambio de protección.

que los demócratas sólo pueden *fingir* hablar para los ricos, y de que todo lo que podemos esperar de los oligarcas es que *den la impresión* de que hablan a favor del pueblo. Sin embargo, reconoce claramente que esa debería ser su actitud para la paz y el bienestar de la comunidad.

Hay algo más, algo más profundo en ello. Si de verdad comprenden los intereses de la aristocracia, los aristócratas deben no sólo aparentar, sino *ser* en realidad demófilos, pues la aristocracia necesita una base. Los demócratas también deberían no sólo aparentar sino ser aristocráticos si entienden los intereses de la democracia, pues ésta necesita un guía.

Esta reciprocidad de buenas prácticas, esta reciprocidad de devoción y esta combinación de esfuerzos son tan necesarias en las repúblicas modernas como lo fueron en las antiguas. No es otra cosa que una sinergia social. La sinergia social debe ser tan fuerte como la sinergia familiar. Toda familia dividida acaba pereciendo; todo reino dividido acaba pereciendo.

He dicho poco sobre la realeza, que sólo afecta a mi argumento de manera indirecta. Si hemos visto casos de la institución de la realeza firmemente establecida, es allí donde el sentimiento de realeza, atractivo a la vez para la aristocracia y para el pueblo, se ha dado cuenta de la sinergia social de la que hablamos; es allí donde ambas, unidas en la devoción por un objetivo, son llevadas a sentir devoción la una por la otra debido a esta convergencia de voluntades. «Eadem velle, eadem nolle amicitia est».[38]

Para ello no hace ninguna falta la realeza. La realeza es la patria hecha hombre. La patria puede llegar por sí misma a esta misma sinergia, a esta misma comunidad y convergencia de voluntades. Para ello hace falta que los pequeños amen a su país en los grandes, y que los grandes amen a su país en los pequeños; y de este modo que unos y otros deseen las mismas cosas y rechacen las mismas cosas. *Amicitia sit!*[39]

---

[38] Literalmente «Querer y no querer las mismas cosas es la amistad»; se refiere a la frase atribuida a Salustio «Eadem velle et eadem nolle, ea demum perfecta amicitia est» (La perfecta amistad consiste en querer y no querer las mismas cosas, es decir, en una coincidencia total en gustos y manías).
[39] ¡Hágase la amistad!